本书出版得到国家社科基金重大项目
"新发展格局下金融结构优化与高质量技术创新研究"（批准号：21&ZD111）资助

科技金融支持
战略性新兴产业发展

RESEARCH ON SCI-TECH FINANCE SUPPORTING

THE DEVELOPMENT OF

STRATEGIC EMERGING INDUSTRIES

胡吉亚　著

社会科学文献出版社
SOCIAL SCIENCES ACADEMIC PRESS (CHINA)

前　言

随着新一轮科技革命和产业升级的加速推进，战略性新兴产业对建设科技强国和振兴民族工业的贡献越来越显著。战略性新兴产业中不断涌现的龙头企业，不仅促进了产业转型升级，而且对拉动区域经济增长起到了积极作用。

习近平总书记强调："加快推进数字经济、智能制造、生命健康、新材料等战略性新兴产业发展，形成更多新的增长点、增长极。"①"十三五"以来，我国战略性新兴产业总体呈现快速发展态势，经济增长新动能作用不断增强。新一代信息技术产业发展较快，产业增加值超过工业整体水平的 5.4%，多项技术达到世界先进水平，太空量子通信技术在世界首次实现白天远距离自由空间量子密钥分发；华为推出的海思芯片和鸿蒙操作系统，实现了我国核心技术领域的重要突破。生物医药产业产能较上一个五年翻了一番，多项技术达到国际领先水平。高端装备产业、新能源产业、新能源汽车产业稳步增长，节能环

---

① 《以科技创新催生新发展动能》，《人民日报》2020 年 8 月 28 日，第 1 版。

保产业、新材料产业、数字创意产业持续高速增长，并且在数字经济、人工智能、虚拟现实等领域出现爆发式增长，有些产业已在 5 年间突破了 20 倍的增长速度。在战略性新兴产业中已有数十家企业入围世界 500 强，战略性新兴产业已经成为我国经济发展的重要支柱。[①]

值得指出的是，我国战略性新兴产业的发展依然面临重重困难。当前世界经济持续放缓，2022 年 7 月，国际货币基金组织（IMF）第三次下调全球经济增长预期，世界银行也将全球经济增长预期下调至 2.9%，并警告滞胀风险。[②] 新冠肺炎疫情冲击全球经济，导致部分产业链、供应链断裂，需要全球产业格局重塑，国际分工体系面临全面调整。此外，我国战略性新兴产业的发展还要面对欧美各国的打压和发达国家的竞争，唯有科技创新、自主自强才能振兴民族工业，实现高质量的经济发展，而这些都需要大量资本的支持。

科技金融作为金融领域与高新技术高度契合的资本，对推动战略性新兴产业的快速发展与高端化具有重要意义。为推进科技金融与战略性新兴产业的深度融合，中国人民银行大力发展绿色票据、双创债券、并购票据等创新性产品；中国证监会积极推进科创板建设，为包括战略性新兴产业在内的科创型企业提供便捷的上市通道；中国银保监会在鼓励金融机构产品创

---

① 中国工程科技发展战略研究院：《2021 中国战略性新兴产业发展报告》，科学出版社，2020，第 22~43 页。

② 《IMF 连续三次下调全球经济预期！预计 2022 年增速放缓至 3.2%　2023 年衰退　上调通胀预期》，"华尔街见闻"百家号，2022 年 7 月 26 日，https：//baijiahao. baidu. com/s？id＝1739427366522476121&cofr＝spider&for＝pc。

新和为战略性新兴产业提供租赁保理、产业基金和供应链金融方面做出了积极努力。此外，我国各大银行和非银行金融机构也在为推进科技金融创新、支持实体经济发展不懈努力。

科技兴国，制造强国。随着战略性新兴产业的发展和科技金融的创新，未来我国科技金融支持战略性新兴产业必将进入一个互惠双赢的全新阶段，也将推进我国国民经济发展迈上更高、更广阔的新台阶。

目　录

第一章

导言

第一节　研究背景

当前，国际时局纷杂，新冠肺炎疫情、中美贸易摩擦等影响较大，宏观环境面临深刻变化。2020年5月，习近平总书记提出加快形成以国内大循环为主体、国内国际双循环相互促进的新发展格局。促进国内国际双循环离不开现代产业体系的建设和实体经济的发展。十九届五中全会公报明确提出，"坚定不移建设制造强国、质量强国、网络强国、数字中国，推进产业基础高级化、产业链现代化，提高经济质量效益和核心竞争力"①。

---

① 《聚焦党的十九届五中全会公报要点（图）》，人民网，2020年10月29日，http://finance.people.com.cn/n1/2020/1029/c1004-31911568.html。

目前我国已经拥有全球最完整的工业供应体系，2019 年，我国出口产品种类达到 7932 种[①]；东盟国家已经取代美国，成为我国最大的贸易伙伴；中国拥有 14 亿人口，人均 GDP 达到了 1 万美元[②]。可以看出，我国已经具备了国内国际双循环的基础条件。然而，需要指出的是，我国在高新科技产业领域，尚存在一些短板。我国目前共有 287 项核心基础零部件（元器件）、268 项关键基础原材料、81 项先进基础工艺、46 项行业技术基础亟待突破。[③] 此外，我国战略性新兴产业低端化特征明显，使得我国在国际贸易和国际分工中处于不利地位。因此，促进科技创新、推动战略性新兴产业高端化发展是我国产业发展的必由之路。

然而，发展战略性新兴产业不仅需要创新研发和新兴产业的深度融合，更需要实体经济和金融市场的紧密结合。目前我国战略性新兴产业大多处于产业发展成长期，产业升级、产业转型和产业高端化都需要大量资本的支持，如何拓展融资模式以支持战略性新兴产业转型升级？如何建立科技金融体系以激励战略性新兴产业研发创新？如何创新科技金融产品以匹配战略性新兴产业高端化的需求？这些问题将成为我国建立健全科技金融体系支持战略性新兴产业发展的关键所在。

---

① 余淼杰：《"大变局"与中国经济"双循环"发展新格局》，《上海对外经贸大学学报》2020 年第 6 期，第 19~28 页。
② 黄群慧：《"双循环"新发展格局：深刻内涵、时代背景与形成建议》，《北京工业大学学报》（社会科学版）2021 年第 1 期，第 9~16 页。
③ 中国社会科学院经济研究所《中国经济报告（2020）》总报告组：《全球经济大变局、中国潜在增长率与后疫情时期高质量发展》，《经济研究》2020 年第 8 期，第 4~23 页。

第二节　研究目的

未来世界各国之间的角逐终将取决于产业经济的强度和创新能力的高度。新常态下中国经济腾飞需要实现从"中国制造"向"中国智造"的转变，而战略性新兴产业创新能力的发展正是这个转变的关键。实体经济发展奠定国家富强基础，技术创新能力掌舵产业革命未来，目前我国战略性新兴产业总体上稳步发展，然而由于研发进度、产业总值、市场拓展和国际环境等多方面因素的影响，七大战略性新兴产业发展速度与广度迥异，同时，在产业发展过程中仍存在一些瓶颈制约因素，其中资金缺乏是主要制约因素之一。

科技金融作为精准支持高精尖产业的新兴金融模式，为战略性新兴产业快速发展提供了新的融资渠道和新鲜血液，本书以"科技金融支持战略性新兴产业发展的效应研究"为研究重点，分析目前我国科技金融支持战略性新兴产业发展的现状、效应与不足，并提出建设性改进方案与优化路径，为我国战略性新兴产业的发展提供融资方面的参考。

本书研究期望实现以下目标。

第一，分析在国际国内经济形势下，我国战略性新兴产业发展特点与发展战略，为科技金融匹配战略性新兴产业提供依据。

第二，分析财税资金、科技信贷、资本市场等各类科技金融模式支持战略性新兴产业的效应与不足之处。

第三，分析我国战略性新兴产业发展的异质性及其与当前各类融资模式的匹配度，考察科技金融助力战略性新兴产业发展的高端化效应。

第四，在分析科技金融支持我国战略性新兴产业发展的现状与实证研究的基础上，提出科技金融支持战略性新兴产业发展的优化路径，为构建完善的战略性新兴产业科技金融支持体系提供参考。

第三节　文献综述

国家间经济实力的变化正逐步重塑世界格局，基于此，2010 年我国将七大新兴产业正式定位为战略性产业着重发展。然而，由于我国金融市场不发达，对于战略性新兴产业的支持力度稍显不足，一些处于初创期和成长期的产业往往很难获得外部资本。对于融资模式和产业发展之间的关系，国内外学者展开了一系列的研究。

一　财税政策支持战略性新兴产业发展

为促进战略性新兴产业创新能力的发展，我国出台了一系列政府补贴和税费减免政策。政府的资金支持往往能够促进发展初期的公司快速成长。[1] 李东阳等的研究表明，政府补贴和政策激励机制能够增强企业家信心，提高企业国际竞争力。[2] 政府

---

[1]　黄青山、邓彦、赵天一：《战略性新兴产业融资结构与经营绩效关系研究——以珠三角上市公司为例》，《会计之友》2013 年第 18 期，第 44～48 页。

[2]　李东阳、蔡甜甜、崔晔：《中国战略性新兴产业企业国际化能力影响因素研究》，《财经问题研究》2018 年第 6 期，第 35～40 页；王玉梅、李玉梅：《战略性新兴产业发展路径形成的影响因素分析》，《劳动保障世界》2018 年第 8 期，第 58 页；申俊喜、杨若霞：《长三角地区战略性新兴产业全要素生产率及其影响因素研究》，《财贸研究》2017 年第 11 期，第 24～33 页。

补贴对产业创新能力的提高有显著的推进作用[1]，特别是对非国有企业和高端制造业效果显著。也有学者持反对观点，Park 认为财政补贴效果存在时滞问题，并且产业创新成果与补贴期限呈负相关关系。[2] 目前我国的财政补贴多投向生产环节，对技术创新投入和科研人员激励的补贴较少，不能够有效地促进产业升级和技术革新，如果不改变补贴结构，最终会抑制产业创新能力的提高。[3]

税费减免能够缓解产业研发的资金压力，覆盖面广，力度较大，特别是对于资本密集型产业[4]，能够有效地增大产业研发投入强度。如果知识产权法较为健全，则税收优惠能够显著提升专利发明数量和新产品销售比重。[5] Bloom 等的研究发现，10%的

---

[1]　陆国庆、王舟、张春宇：《中国战略性新兴产业政府创新补贴的绩效研究》，《经济研究》2014 年第 7 期，第 44～55 页；陈玲、杨文辉：《政府研发补贴会促进企业创新吗？——来自中国上市公司的实证研究》，《科学学研究》2016 年第 3 期，第 433～442 页。

[2]　Sungmin Park, "Evaluating the Efficiency and Productivity Change Within Government Subsidy Recipients of a National Technology Innovation Research and Development Program," *R&D Management* 45（2015）：549-568.

[3]　周亚虹、蒲余路、陈诗一、方芳：《政府扶持与新型产业发展——以新能源为例》，《经济研究》2015 年第 6 期，第 147～161 页；高秀平：《我国新能源汽车财税政策的国际借鉴》，《理论探索》2018 年第 2 期，第 111～115 页。

[4]　胡凯、吴清：《R&D 税收激励产业政策与企业生产率》，《产业经济研究》2018 年第 3 期，第 115～126 页。

[5]　Dirk Czarnitzki, Bernd Ebersberger, Andreas Fier, "The Relationship between R&D Collaboration, Subsidies and R&D Performance：Empirical Evidence from Finland and Germany," *Journal of Applied Econometrics* 22（2007）：1347-1366；张信东、贺亚楠、马小美：《R&D 税收优惠政策对企业创新产出的激励效果分析——基于国家级企业技术中心的研究》，《当代财经》2014 年第 11 期，第 35～45 页。

税费减免能够同比例提高中长期的科研投入。① 但是，也有学者指出税费减免对促进高新技术产业创新发展的效果并不明显②，并且，税收优惠的导向性对产业创新的支持不具有稳定性③。

此外，政府还设立了一些创投基金，用来解决市场失灵、资金使用低效的问题。④ 政府创投基金由政府信誉支撑，能够在一定程度上活跃社会闲置资本，促进技术创新发展。⑤ 但是，我国的政府创投基金起步晚，仍存在管理人与托管人分权不清⑥、

---

① Nick Bloom, Rachel Griffith, John Van Reenen, "Do R&D Tax Credits Work? Evidence from a Panel of Countries 1979-1997," *Journal of Public Economics* 85 (2002): 1-31.

② Hiroshi Ohashi, "Learning by Doing, Export Subsidies, and Industry Growth: Japanese Steel in the 1950s and 1960s," *Journal of International Economics* 66 (2005): 297-323.

③ 黄萃、苏竣、施丽萍、程啸天：《中国高新技术产业税收优惠政策文本量化研究》，《科研管理》2011 年第 10 期，第 46~54 页。

④ Josh Lerner, *Boulevard of Broken Dreams: Why Public Efforts to Boost Entrepreneurship and Venture Capital Have Failed and What to Do About It* (Princeton: Princeton University Press, 2009).

⑤ Massimo G. Colombo, Douglas J. Cumming, Silvio Vismara, "Governmental Venture Capital for Innovative Young Firms," *The Journal of Technology Transfer* 41 (2016): 10 - 24; Fabio Bertoni, Tereza Tykvova, "Does Governmental Venture Capital Spur Invention and Innovation? Evidence from Young European Biotech Companies," *Research Policy* 44 (2015): 925-935; 杨敏利、丁文虎、郭立宏：《创业投资引导基金参股对创投机构后续募资的影响研究》，《预测》2017 年第 5 期，第 43~48 页；徐建军、杨晓伟：《政府创业投资引导基金促进"创新创业"的绩效评价与提升策略——以宁波市为例》，《科技与经济》2019 年第 1 期，第 41~45 页。

⑥ 王东刚、陈泰椰：《后地方债时代的政府融资新模式：政府投资基金》，《区域金融研究》2016 年第 12 期，第 55~58 页。

投资重点模糊①、挤出企业资本②、退出渠道单一等问题。因此，政府创投基金对战略性新兴产业创新发展的支持力度有限。

　　总体而言，学者们大多认同财政补贴和税费减免能够促进产业创新发展③，但是侧重点不同，部分学者指出税费减免的效果更明显④；也有学者支持财政补贴更能够促进研发创新的观点，认为财政补贴更具针对性和时效性⑤。但是，在政企信息不对称的情况下，容易出现"骗补"现象。此外，如果财政补贴门槛设定失当，还会导致财政补贴对产业自主研发资金的"替

---

① 郑宇：《我国私募股权基金的投资回报分析》，《金融经济》2015 年第 22 期，第 136~138 页。

② 燕志雄、张敬卫、费方域：《代理问题、风险基金性质与中小高科技企业融资》，《经济研究》2016 年第 9 期，第 132~146 页。

③ Christian Köhler, Philippe Laredo, Christian Rammer, "The Impact and Effectiveness of Fiscal Incentives for R&D," Working Paper No. 12, 2012; Charles Bérubé, Pierre Mohnen, "Are Firms that Receive R&D Subsidies More Innovative?" *Canadian Journal of Economics/Revue Canadienne Déconomique* 42 (2009): 206 - 225; Yusuf O. Akinwale, Dad Dada, Adekemi Oluwadare, Olalekan A. Jesuleye, "Understanding the Nexus of R&D, Innovation and Economic Growth in Nigeria," *International Business Research* 5 (2012): 187 - 196.

④ 贾康：《完善环保产业税收优惠政策》，《中国金融》2013 年第 7 期，第 20 页；冯发贵、李隋：《产业政策实施过程中财政补贴与税收优惠的作用与效果》，《税务研究》2017 年第 5 期，第 51~58 页。

⑤ Oliviero A. Carboni, "The Effect of R&D Subsidies on Private R&D: Evidence from Italian Manufacturing Data," Working Paper Crenos, 2008; Bjorn Alecke, Timo Mitze, Janina Reinkowski, Gerhard Untiedt, "Does Firm Size Make a Difference? Analyzing the Effectiveness of R&D Subsidies in East Germany," *German Economic Review* 13 (2011): 174 - 195; 储德银、杨姗、宋根苗：《财政补贴税收优惠与战略性新兴产业创新投入》，《财贸研究》2016 年第 5 期，第 83~89 页。

代效应"。① 根据产业发展周期理论，产业不同发展阶段对应着不同的财政政策门槛，也相应地有不同的创新激励效果。②

现有文献多从财政补贴、税收优惠政策的单一方面进行分析，较少将两种模式统筹分析。实证类型的文献则多偏重于考察财政补贴和税收优惠政策的效用，以样本企业的经营绩效为被解释变量进行研究，而以创新能力为考察对象的文献较少。此外，现有文献在样本选择上多以主板上市公司或者传统制造业为主。基于此，本书第三章拟以战略性新兴产业为特定研究对象，实证研究财政补贴和税收优惠政策对产业创新能力的影响，并基于计量结果探析完善路径。

二　科技信贷支持战略性新兴产业发展

权衡理论从税基式减免和破产风险的角度分析举债融资的利弊，而后迪安吉罗、梅耶斯等学者将权衡理论进一步发展为后权衡理论，将破产成本拓展到代理成本、财务困境成本和非负债税收利益损失等方面。③ 对于公司融资结构最经典的理论是啄食顺序理论，该理论认为公司在资金来源的选择上第一排序应当是内源资金，其次是债权融资，最后考虑股权融资。

一般而言，间接融资方式具有债务数额稳定、管理权自主

---

① Paul A. David, Bronwyn H. Hall, Andrew A. Toole, " Is Public R&D a Complement or Substitute for Private R&D? A Review of the Econometric Evidence, " *Research Policy* 29（2000）：497-529.

② 郑振雄、陈鸿翼：《财政政策对战略性新兴产业创新绩效影响——基于实证分析研究》，《重庆工商大学学报》（社会科学版）2019年第2期，第7~12页。

③ 参见"权衡理论"百度百科，https：//baike.baidu.com/item/%E6%9D%83%E8%A1%A1%E7%90%86%E8%AE%BA/2.11038774？fr=aladdin。

等优点，通常是高新技术产业的融资首选。[1] Benfratello 等通过实证分析指出，银行资本有助于激发新兴产业的"过程创新"而非"产品创新"。[2] 银行体系对借款企业的筛选和扶持能够为科研领域带来"创造性毁灭"式的技术创新，从而有利于高新技术产业发展和产业升级。[3] 事实证明，商业银行的资源配置能力优于资本市场，能够充分发挥金融中介的搜寻和监察功能，能够有效地避免"搭便车"行为。[4] 刘运和叶德磊依次采用 Wald 检验、Wooldridge 检验和 Breusch-Pagan LM 检验指出，现阶段银行信贷市场对产业合理化和高级化的影响更加稳定，股票市场的影响则表现出不确定性和复杂性。[5] 优质公司会考虑财务风险和利润分配的问题，从而维持较低的负债比率。[6] 但是，

---

[1] James R. Brown, Gustav Martinsson, Bruce C. Petersen, "Do Financing Constraints Matter for R&D?" *European Economic Review* 56 (2012): 1512-1529.

[2] Luigi Benfratello, Fabio Schiantarelli, Alessandro Sembenelli, "Banks and Innovation: Microeconometric Evidence on Italian Firms," *Journal of Financial Economics* 90 (2008): 197-217.

[3] Hanna Hottenrott, Bettina Peters, "Innovative Capability and Financing Constraints for Innovation: More Money, More Innovation?" *Review of Economics and Statistics* 94 (2012): 1126-1142.

[4] Rene M. Stulz, "Financial Structure, Corporate Finance, and Economic Growth," in A. Demirgüç-Kunt and R. Levine, eds., *Financial Structure and Economic Growth: A Cross Country Comparison of Banks, Markets, and Development* (Cambridge, MA: MIT Press, 2001), pp. 143-188; 盛松成：《商业银行的筛选功能与宏观调控》，《金融研究》2006 年第 4 期，第 82~89 页。

[5] 刘运、叶德磊：《银行信贷市场与股票市场促进产业升级了吗？——基于中国省域面板数据的检验》，《金融论坛》2019 年第 2 期，第 40~55 页。

[6] Michael L. Lemmon, Jaime F. Zender, "Debt Capacity and Tests of Capital Structure Theories," *Journal of Financial and Quantitative Analysis* 45 (2010): 1161-1187.

如果基于风险-收益理论进行研究，则会得出相反的结论。[①] 大多数国外学者的研究证明，短期债权融资更受成长性好的公司青睐[②]，但是也有学者认为长期债权融资更能促进公司合理规划战略部署，进而更受欢迎[③]。

目前我国战略性新兴产业信贷资金供需缺口较大，主要原因在于两方面。一方面，战略性新兴产业信息披露不足导致银行体系的信息搜寻成本提高，而道德风险的存在会造成贷款违约率的上升。此外，新兴产业的固定资产较少，而无形资产、知识产权等质押品的条件与银行体系的标准不符，从而降低了银行体系的贷款能力。[④] 另一方面，我国的金融体系具有发展中国家的典型特征，市场化程度不够高，银行体系占据主导地位，成为实质上的信贷资源配给者。出于风险-收益的衡量，信贷审批中"所有制歧视、规模歧视"的现象较为常见，造成战略性

[①] Allen N. Berger, Emilia Bonaccorsi di Patti, "Capital Structure and Firm Performance: A New Approach to Testing Agency Theory and an Application to the Banking Industry," *Journal of Banking and Finance* 30 (2006): 1065-1102; Saeid Abbasian, Darush Yazdanfar, "Attitudes towards Participation in Business Development Programmes: An Ethnic Comparison in Sweden," *European Journal of Training and Development* 39 (2015): 59-75.

[②] Michael J. Barclay, Clifford W. Smith, "The Maturity Structure of Corporate Debt," *Journal of Finance* 50 (1995): 609-631; Aydin Ozkan, "The Determinants of Corporate Debt Maturity: Evidence from UK Firms," *Applied Financial Economics* 12 (2002): 19-24.

[③] Michael J. Highfield, "On the Maturity of Incremental Corporate Debt Issues," *Quarterly Journal of Finance and Accounting* 47 (2008): 45-67.

[④] Miguel Meuleman, Wouter De Maeseneire, "Do R&D Subsidies Affect Smes' Access to External Financing?" *Research Policy* 41 (2012): 580-591.

新兴产业较难获得信贷资本。[①] 此时，应当由政府进行干预，降低银企之间的信息不对称程度，增强银行体系的信贷信心，缓解企业融资约束。[②]

为探讨银企关系，刘维奇和高超、梁益琳和张玉明构建了银企博弈模型，研究信贷融资中银企双方的最优策略解，发现企业守信而银行不审查的均衡策略并不稳定，政府监管是降低信贷违约率的必要条件。[③] 王淼在博弈中加入政府主体，指出政银企三方皆为有限理性，在博弈中均以自身利益为根本目标。[④] 李志浩等同样进行了政银企三方博弈分析，认为政府干预能够加大银行体系对优质企业的贷款力度，但是无法解决违约企业驱逐守信企业的难题。[⑤]

---

① 罗正英、周中胜、王志斌：《金融生态环境、银行结构与银企关系的贷款效应——基于中小企业的实证研究》，《金融评论》2011 年第 2 期，第 64～81 页；石璋铭、谢存旭：《银行竞争、融资约束与战略性新兴产业技术创新》，《宏观经济研究》2015 年第 8 期，第 117～126 页。

② Donghua Chen, Oliver Z. Li, Fu Xin, "Five-year Plans, China Finance and Their Consequences," *China Journal of Accounting Research* 10 (2017): 189-230；何熙琼、尹长萍、毛洪涛：《产业政策对企业投资效率的影响及其作用机制研究——基于银行信贷的中介作用与市场竞争的调节作用》，《南开管理评论》2016 年第 5 期，第 161～170 页。

③ 刘维奇、高超：《中小企业贷款问题的进化博弈分析》，《中国软科学》2006 年第 12 期，第 94～102 页；梁益琳、张玉明：《创新型中小企业与商业银行的演化博弈及信贷稳定策略研究》，《经济评论》2012 年第 1 期，第 16～24 页。

④ 王淼：《银政企合作博弈模型与中小微企业间接融资机制创新》，《经济研究导刊》2015 年第 9 期，第 123～125 页。

⑤ 李志浩、刘昭、裴亚辉等：《供给侧结构性改革下中小企业融资问题研究——基于非完全信息静态博弈视角》，《金融理论与实践》2018 年第 4 期，第 71～75 页。

综上所述，国内外学者对银行信贷对产业发展的作用以及政银企博弈领域进行了一些有益的研究，充分认可了信贷资金推动产业发展的贡献，并对政银企博弈进行求解分析。但是，就当前文献而言，研究对象多选择高新技术行业或者全行业，尚未有专门针对战略性新兴产业的信贷融资研究；此外，在政银企三方博弈中，仅着眼于道德风险，将企业简单地分为优质企业和劣质企业进行分析，研究结论不具有普遍意义。基于此，本书第四章拟选择 300 家战略性新兴企业作为研究样本，统筹考虑逆向选择和道德风险问题，考虑政府不同策略下银行与企业的最优选择，探寻战略性新兴产业信贷融资的难点，进而提出解决方案。

三　资本市场支持战略性新兴产业发展

虽然在啄食顺序理论中股权融资居于最后的位置，但是，从美国新兴公司发展的历史来看，股权融资为新兴公司的成长与创新提供了有力的支持。[①] 在股权融资的研究中，国外学者多选择股权集中度对公司成长性的作用作为切入口，认为股权过于集中将会导致管理层决策的灵活性受限，不利于公司的发展[②]；

---

① James R. Brown, Steven M. Fazzari, Bruce C. Petersen, "Financing Innovation and Growth: Cash Flow, External Equity, and the 1990s R&D Boom," *The Journal of Finance* 64 (2009): 151–185.

② Mike Burkart, Denis Gromb, Fausto Panunzi, "Large Shareholders, Monitoring, and the Value of the Firm," *The Quarterly Journal of Economics* 112 (1997): 693–728; Simon Johnson, R. La Porta, F. Lopez-de-Silanes, A. Shleifer, "Tunneling," *American Economic Review Papers and Proceedings* 90 (2000): 22–27; Tuan Nguyen, Stuart Locke, Krishna Reddy, "Ownership Concentration and Corporate Performance from a Dynamic Perspective: Does National Governance Quality Matter?" *International Review of Financial Analysis* 41 (2015): 148–161.

同时也有学者指出控股权的集中有利于提高公司运作效率[1]。Khan 通过研究上市公司前五大股东的持股占比，证明了该比例与托宾 Q 值之间呈倒"U"形关系。[2] 此外，如果公司股份中国有性质的股份比例过高，则会对公司发展造成负面影响。[3]

我国的股份有限公司多不遵循啄食顺序理论，往往将股权融资作为首选，而将内源融资置于末位[4]，债权融资与公司的发展并未呈现明显的相关性[5]。在债权融资与公司成长性的关系方面，多数学者认为二者呈负相关关系[6]，也有学者认为二者呈正相关关系[7]。在债务期限的研究方面，国内学者的研究结论也是

---

[1] Torben Pedersen, Steen Thomsen, "Business Systems and Corporate Governance," *International Studies of Management & Organization* 29 (1999): 43-59.

[2] Tehmina Khan, "Company Dividends and Ownership Structure: Evidence from UK Panel Data," *Economic Journal* 116 (2006): C172-C189.

[3] Michael L. Lemmon, Jaime F. Zender, "Debt Capacity and Tests of Capital Structure Theories," *Journal of Financial and Quantitative Analysis* 45 (2010): 1161-1187.

[4] 王玉荣：《中国上市公司融资结构与公司绩效》，中国经济出版社，2005。

[5] 王敏：《上市公司债务融资、公司绩效与最优资本结构》，《事业财会》2004 年第 5 期，第 11~13 页。

[6] 吴沁：《我国中小企业板上市公司成长性与债务融资结构相关性研究》，硕士学位论文，南京财经大学，2014；辛阳：《融资结构对企业成长性的影响》，硕士学位论文，吉林大学，2014；刘亮：《创业板上市公司资本结构对公司成长性影响的研究》，硕士学位论文，哈尔滨工业大学，2017；罗如芳、周运兰、潘泽江：《债务融资结构对财务绩效的影响研究——以我国民族地区上市公司为例》，《会计之友》2015 年第 10 期，第 64~69 页。

[7] 张玉明、王墨潇：《中小企业债务融资结构与企业成长——基于中小板上市公司的实证研究》，《经济与管理评论》2013 年第 4 期，第 46~53 页。

大相径庭，张玉明和王墨潇认为短期融资更有利于公司成长[①]，而段伟宇等则更倾向于长期融资[②]。

由于直接融资不仅能够为公司带来充裕的资本，还能够为公司输入先进的管理理念和战略部署，因此，直接融资与公司发展之间呈正相关关系[③]；也有学者认为直接融资对公司发展并不能起到积极作用，二者呈负相关关系[④]。国内学者同样研究了股权集中度对公司发展的作用，部分学者赞成股权集中能够推动公司成长[⑤]；也有学者持反对意见，认为股权集中有损中小股东利益，不利于公司成长[⑥]。

目前国内学者对直接融资支持战略性新兴产业发展的研究仅限于上市公司的股权融资，对风险资本支持产业发展的研究较少。而对于战略性新兴产业而言，风险资本是产业中的中小企业必不可少的融资渠道。因此，本书第五章将风险资本纳入

① 张玉明、王墨潇：《中小企业债务融资结构与企业成长——基于中小板上市公司的实证研究》，《经济与管理评论》2013 年第 4 期，第 46~53 页。
② 段伟宇、师萍、陶建宏：《创新型企业债务结构与成长性的关系研究——基于沪深上市企业的实证检验》，《预测》2012 年第 5 期，第 34~39 页。
③ 黄宇荣：《股权集中度、技术创新能力与企业成长性的关系研究》，硕士学位论文，天津财经大学，2016；孙早、肖利平：《融资结构与企业自主创新——来自中国战略性新兴产业 A 股上市公司的经验证据》，《经济理论与经济管理》2016 年第 3 期，第 45~58 页。
④ 凌江怀、胡青青：《上市公司融资结构与经营绩效相关分析——基于 2003-2010 年广东省上市公司分行业面板数据的考察》，《华南师范大学学报》（社会科学版）2011 年第 6 期，第 72~78 页。
⑤ 石大林：《股权集中度、董事会特征与公司绩效的关系研究》，《东北财经大学学报》2014 年第 1 期，第 28~33 页。
⑥ 孙菊生、李小俊：《上市公司股权结构与经营绩效关系的实证分析》，《当代财经》2006 年第 1 期，第 80~84 页。

直接融资体系，并实证研究直接融资模式对战略性新兴产业的支持绩效，找出当前我国战略性新兴产业在直接融资过程中存在的不足。

四　科技金融与战略性新兴产业发展

新兴产业的外源融资模式主要包括债权融资、股权融资和财政资金支持。一般而言，具有高成长性的公司倾向于采用短期债权融资。[①] 股权融资具有融资主体范围广、管理能力激励等多重优点，能够在很大程度上促进公司管理绩效和创新能力的突破。[②] 政府的财政资金主要助力创业初期技术创新的培育和成长期市场的拓展[③]，但是，根据产业所处大环境的差异，可能会产生挤出效应[④]。Melitz 对公司的异质性与生产效率进行实证分析，认为生产力高的公司更容易拓展市场，从而获得更高的市场占有率[⑤]，但是，其并未对融资模式有所提及。

[①] Michael J. Barclay, Clifford W. Smith, "The Maturity Structure of Corporate Debt," *Journal of Finance* 50 (1995): 609 – 631; Aydin Ozkan, "The Determinants of Corporate Debt Maturity: Evidence from UK Firms," *Applied Financial Economics* 12 (2002): 19-24.

[②] James R. Brown, Steven M. Fazzari, Bruce C. Petersen, "Financing Innovation and Growth: Cash Flow, External Equity, and the 1990s R&D Boom," *Journal of Finance* 64 (2009): 151-185.

[③] Tadahisa Koga, "R&D Subsidy and Self-Financed R&D: The Case of Japanese High-Technology Start-Ups," *Small Business Economics* 24 (2005): 53-62.

[④] Paul A. David, Bronwyn H. Hall, Andrew A. Toole, "Is Public R&D a Complement or Substitute for Private R&D? A Review of the Econometric Evidence," *Research Policy* 29 (2000): 497-529.

[⑤] Marc J. Melitz, "The Impact of Trade on Intra-Industry Reallocations and Aggregate Industry Productivity," *Econometrica* 71 (2003): 1695-1725.

国内学者认为股权融资具有"广告效应"、筹集资金和会聚人才等优势，因而与公司成长性呈正相关关系。[①] 在债权融资与公司成长性的关系方面，多数学者认为二者呈负相关关系。[②] 政府的财政资金主要投向关乎国计民生的战略性产业，支持其平稳度过初创期。[③]

国内学者很少对产业异质性进行分析，在仅有的若干篇文献中，谢洪军和张慧以长江经济带的高新技术产业为研究样本，探析产业异质性与效率水平的相关性。[④] 高晓光侧重于产业异质性与创新效率的关系研究[⑤]；周敏以生产率界定产业异质性，并通过实证研究指出创新能力决定公司国际化程度，进而影响公司发展[⑥]。尹丽琴同样以全要素生产率区分异质性产业，选用22

---

① 黄宇荣：《股权集中度、技术创新能力与企业成长性的关系研究》，硕士学位论文，天津财经大学，2016；孙早、肖利平：《融资结构与企业自主创新——来自中国战略性新兴产业 A 股上市公司的经验证据》，《经济理论与经济管理》2016 年第 3 期，第 45~58 页。

② 刘亮：《创业板上市公司资本结构对公司成长性影响的研究》，硕士学位论文，哈尔滨工业大学，2017；罗如芳、周运兰、潘泽江：《债务融资结构对财务绩效的影响研究——以我国民族地区上市公司为例》，《会计之友》2015 年第 10 期，第 64~69 页。

③ 黄青山、邓彦、赵天一：《战略性新兴产业融资结构与经营绩效关系研究——以珠三角上市公司为例》，《会计之友》2013 年第 18 期，第 44~49 页。

④ 谢洪军、张慧：《长江经济带高技术产业效率测度与异质性分析——基于三阶段 DEA 方法》，《重庆理工大学学报》（社会科学）2015 年第 11 期，第 65~70 页。

⑤ 高晓光：《中国高技术产业创新效率影响因素的空间异质效应——基于地理加权回归模型的实证研究》，《世界地理研究》2016 年第 4 期，第 122~131 页。

⑥ 周敏：《创新绩效与高新技术企业出口行为关系研究——基于企业异质性理论视角》，《理论月刊》2016 年第 7 期，第 119~129 页。

个行业数据证明产业异质性对其发展能力有正向促进作用。[①] 邓超等构建动态空间自回归模型，指出政府补贴和股权结构对异质性企业发展的影响各不相同。[②]

综上所述，国内外学者对产业的融资模式以及产业异质性领域进行了一定的研究，得出了一些有益的结论。但是，在现有的文献中，产业异质性的研究样本多以全行业或者制造业作为采集来源，对战略性新兴产业的融资模式研究则多偏向于选择创新能力作为着眼点，分析产业异质性与融资模式匹配度的文献尚未发现。基于此，本书第七章从七大战略性新兴产业的异质性分析出发，探析各产业的融资特点和融资需求，归纳战略性新兴产业的融资问题，并找出基于产业异质性的融资模式匹配的关键环节。

第四节　创新点

战略性新兴产业融资是近十年才被学者关注的问题，国内外学者的研究成果都不多，并且常常专注于一个领域。另外，文献资料显示，目前我国国内对战略性新兴产业的研究大都是从定性角度展开的，主要研究我国战略性新兴产业的发展现状、政策取向、发展演进以及发展模式等，定量研究则限于资本市

---

① 尹丽琴：《我国高技术制造业行业异质性与发展能力研究》，硕士学位论文，山西财经大学，2017。

② 邓超、张恩道、樊步青、许志勇：《政府补贴、股权结构与中小创新型企业经营绩效研究——基于企业异质性特征的实证检验》，《中国软科学》2019年第7期，第184～192页。

场的融资绩效分析。本书拟针对科技金融支持战略性新兴产业发展的不同融资模式、异质性、高端化等前沿问题展开定性和定量研究，从规范分析、实证分析两方面同时着手，研究科技金融支持战略性新兴产业发展的现状、不足及优化路径。

本书的主要创新点包括以下四个方面。

其一，目前的一些财税政策没有对战略性新兴产业的创新潜力起到应有的激励作用，产业的创新发展仍依赖公司规模和盈利能力，在实践中，政府需要对正外部性问题与"搭便车"行为进行调节，补贴创新产业的外溢收益，如此才能够推进产业创新发展。本书研究发现，税收优惠政策对产业研发强度的正向效果明显优于财政补贴措施。究其原因，一是因为财政资金投向存在明显的产业间差异，且重生产、轻人才；二是财税政策"点""面"支持结构不同，税收优惠具有普惠性，常以"面"为支持形式，而财政补贴在产业内外部更具差异性，偏重于资助"点"；三是财政资金使用效率缺乏预估和考核机制。据此，激发我国战略性新兴产业创新能力应当重视人才红利，建立科研人员激励机制；调整激励思路，拓展财税政策支持模式；刺激市场需求，增加需求方以反哺厂商；提高资金支持精准度，构建资金使用考核体系。

其二，针对战略性新兴产业科技信贷融资问题，本书选择300家战略性新兴企业作为样本，对战略性新兴产业信贷融资进行实证研究，结果发现，银企博弈的关键在于银行体系对于风险程度的衡量。"海萨尼转换"博弈模型研究显示，政府补贴、贴息以及建立风险缓释机制并不能有效地减弱企业违约动机，而信息平台和违约惩罚机制的建立能够部分解决信息不对称问题，对规范银企行为具有积极作用。基于此，建议减少政府贴息，转而设立研发激励机制，建立信息平台和风险缓释机制，发展多方合作模式，加强银行业务创新，构建奖罚机制，减少信贷主体道德风险。

其三，根据战略性新兴产业发展的异质性，本书将七大战略性新兴产业分为三个梯队。以样本公司连续三年的面板数据为基础，对战略性新兴产业融资现状进行研究，研究结果表明：第一梯队的三个产业主要依赖财政资金和股权融资支持，第二梯队的两个产业主要依赖财政资金支持，第三梯队的两个产业则倾向于债权融资和获取财政支持。因此，建议科技金融支持战略性新兴产业发展应着重体现财政资金的"风向标"作用，提高财政支持精准性；设计多元化方案，降低银行信息不对称程度；积极发展债券市场，创新融资工具；借鉴发达国家经验，拓展风险资本退出渠道；规范商业信用融资模式，保障中小企业融资话语权。

其四，在"双循环"的战略背景下，战略性新兴产业高端化是经济发展和民族复兴的必由之路。本书从理论逻辑、现实逻辑和经验逻辑出发，分析科技金融支持战略性新兴产业发展的逻辑脉络，并选择 300 家样本企业实证研究科技金融支持战略性新兴产业高端化的绩效。实证结果显示，企业自有研发资金和风险资本的增加有利于提高企业的全要素生产率，而企业自有研发资金和股权资本的增加对企业创新能力的提升具有显著的推动作用。在科技金融支持战略性新兴产业高端化的过程中，建议资本市场着力于机制健全，政府资金着力于滴灌绩效，科技信贷着力于风险可控，风险资本着力于稳定信心，商业信用着力于重塑链条。

第二章

战略性新兴产业融资的
概念与相关理论

 2010 年我国才正式确立了战略性新兴产业的范围，而科技金融更是近年来才提出的概念，如何界定科技金融至今尚未有一个权威的定义。此外，与战略性新兴产业融资相关的理论众多，本书认为，"微笑曲线"理论、新优序融资理论和信息不对称理论是最能够支持和指导战略性新兴产业融资的理论，因此，本章主要界定战略性新兴产业融资的相关概念，并介绍与本书研究领域相关的融资理论。

第一节 相关概念和基本范畴的界定

一 战略性新兴产业概念及范畴

2010 年国务院发布《国务院关于加快培育和发展战略性新兴产业的决定》（国发〔2010〕32 号），根据战略性新兴产业的特征，立足我国国情和科技、产业基础，决定重点培育和发展节能环保、新一代信息技术、生物、高端装备制造、新能源、新材料、新能源汽车等产业，并且明确发展目标，即"2020 年，战略性新兴产业增加值占国内生产总值的比重力争达到 15% 左右，吸纳、带动就业能力显著提高。节能环保、新一代信息技术、生物、高端装备制造产业成为国民经济的支柱产业，新能源、新材料、新能源汽车产业成为国民经济的先导产业；创新能力大幅提升，掌握一批关键核心技术，在局部领域达到世界领先水平；形成一批具有国际影响力的大企业和一批创新活力旺盛的中小企业；建成一批产业链完善、创新能力强、特色鲜明的战略性新兴产业集聚区。再经过十年左右的努力，战略性新兴产业的整体创新能力和产业发展水平达到世界先进水平，为经济社会可持续发展提供强有力的支撑"[①]。而后，国务院又发布了《国务院办公厅转发知识产权局等部门关于加强战略性新兴产业知识产权工作若干意见的通知》（国办发〔2012〕28 号）、

[①] 《国务院关于加快培育和发展战略性新兴产业的决定》（国发〔2010〕32 号），中央人民政府网，2010 年 10 月 18 日，http://www.gov.cn/zwgk/2010-10/18/content_1724848.htm。

《国务院关于印发"十二五"国家战略性新兴产业发展规划的通知》（国发〔2012〕28号）、《国务院关于印发"十三五"国家战略性新兴产业发展规划的通知》（国发〔2016〕67号），指导和支持战略性新兴产业发展。其中，《国务院关于印发"十三五"国家战略性新兴产业发展规划的通知》对战略性新兴产业发展进行总体部署——"加快发展壮大网络经济、高端制造、生物经济、绿色低碳和数字创意等五大领域，实现向创新经济的跨越。着眼全球新一轮科技革命和产业变革的新趋势、新方向，超前布局空天海洋、信息网络、生物技术和核技术领域一批战略性产业，打造未来发展新优势。遵循战略性新兴产业发展的基本规律，突出优势和特色，打造一批战略性新兴产业发展策源地、集聚区和特色产业集群，形成区域增长新格局"①。

在2021年3月发布的"十四五"规划中，第三篇第九章重点强调要发展壮大战略性新兴产业，构筑产业体系新支柱，前瞻谋划未来产业，对产业发展细分行业也进行了领域与步骤明晰——"聚焦新一代信息技术、生物技术、新能源、新材料、高端装备、新能源汽车、绿色环保以及航空航天、海洋装备等战略性新兴产业，加快关键核心技术创新应用，增强要素保障能力，培育壮大产业发展新动能。推动生物技术和信息技术融合创新，加快发展生物医药、生物育种、生物材料、生物能源等产业，做大做强生物经济。深化北斗系统推广应用，推动北斗产业高质量发展。深入推进国家战略性新兴产业集群发展工

---

① 《国务院关于印发"十三五"国家战略性新兴产业发展规划的通知》（国发〔2016〕67号），中央人民政府网，2016年12月19日，http://www.gov.cn/zhengce/content/2016-12/19/content_5150090.htm。

程，健全产业集群组织管理和专业化推进机制，建设创新和公共服务综合体，构建一批各具特色、优势互补、结构合理的战略性新兴产业增长引擎……在类脑智能、量子信息、基因技术、未来网络、深海空天开发、氢能与储能等前沿科技和产业变革领域，组织实施未来产业孵化与加速计划，谋划布局一批未来产业。在科教资源优势突出、产业基础雄厚的地区，布局一批国家未来产业技术研究院，加强前沿技术多路径探索、交叉融合和颠覆性技术供给。实施产业跨界融合示范工程，打造未来技术应用场景，加速形成若干未来产业"[1]。

二　科技金融概念及范畴

科技金融是促进科技开发、成果转化和高新技术产业发展的一系列金融工具、金融制度、金融政策与金融服务的系统性、创新性安排，是由向科学与技术创新活动提供融资资源的政府、企业、市场、社会中介机构等各种主体及其在科技创新融资过程中的行为活动共同组成的一个体系，是国家科技创新体系和金融体系的重要组成部分。[2] 科技金融的传统渠道主要有两种：一是根据政府资金建立基金或者母基金引导民间资本进入科技企业；二是多样化的科技企业股权融资渠道，具体包括政府扶持、科技贷款、科技担保、股权投资、多层次资本市场、科技保险以及科技租赁等。科技金融的参与者主要有政府、非营利

---

[1] 《（两会受权发布）中华人民共和国国民经济和社会发展第十四个五年规划和 2035 年远景目标纲要》，新华网，2021 年 3 月 13 日，http：//www.xinhuanet.com/2021-03/13/c_1127205564.htm。

[2] 赵昌文、陈春发、唐英凯：《科技金融》，科学出版社，2009。

组织、企业、社会中介机构等。其中政府在其中的作用是举足轻重的，政府不仅投入巨大的资金直接资助科技型企业、创投公司，成立科研院所，还设立限定产业领域的基金，如科技成果转化基金（简称科转基金）、孵育基金、产业投资基金等。

限于资料与数据来源的局限性，本书所指的科技金融主要包括财税政策支持战略性新兴产业创新发展的部分，银行信贷中支持战略性新兴产业技术研发和高端化发展的部分，战略性新兴产业的股权融资、债权融资和获得的风险资本，此外，还包括战略性新兴产业上下游企业之间的商业信用融资，也即本书的研究限于科技金融的各种融资模式和融资工具的创新与优化，不涉及宏观金融政策和制度框架领域的改革与完善。

第二节 "微笑曲线"理论

"微笑曲线"理论是经典的产业发展战略理论之一，其以一条类似微笑的"U"形曲线说明产业链发展中最具竞争优势和价值增值的环节是在曲线的两端，分别是技术研发端和产品销售及售后服务端（见图2-1）。根据国际分工现状，发达国家科技力量强大，市场拓展和市场维护能力优异，往往占据产业链中最具价值增值的环节，也即"微笑曲线"的两端。而包括中国在内的发展中国家凭借廉价劳动力和丰富资源等优势在产业链加工组装环节占据绝大多数份额，但是，由于核心技术由发达国家掌控，发展中国家产品增值空间和产品附加值都较小。

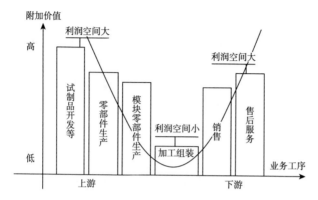

图 2-1　微笑曲线

资料来源：笔者自制。

　　以生物医药产业为例，《"健康中国 2030"规划纲要》预测，我国健康产业规模 2030 年将达到 16 万亿元。少数发达国家在全球生物医药市场占有绝对比重，我国仍处于产业跟跑状态。据中国生物发酵产业协会统计，在我国 3000 亿元规模的发酵产业背后，生物制药、燃料乙醇、粮食深加工、现代发酵等行业的核心菌种几乎都笼罩在国外菌种专利的"阴影"之下。[①]

　　就我国而言，我国是制造业大国，却还不是制造业强国，在"微笑曲线"的前端并没有明显的优势。中国社科院研究发现，2016 年我国 7000 多家企业中研发经费在 500 万以上的企业

――――――――――

① 中国工程科技发展战略研究院：《2021 中国战略性新兴产业发展报告》，科学出版社，2020，第 69~70 页。

仅占 4.1%，进行 3 年以上长期研发的企业占 6.2%。[①] 相对于发达国家而言，无论是资金投入还是人力投入，我国的高新产业都存在很大的提升空间。以高端装备制造业为例，智能制造装备产业发展大国包括日本、中国、美国和以德国为代表的欧洲国家。在高档数控机床前沿技术开发、关键技术创新和标准制度建立方面，美国、德国与日本等发达国家依然保持着"霸主"地位。全球海洋工程装备市场已经形成了"欧美设计、亚洲制造"的格局，欧美垄断了核心设计、关键配套和总承包，韩国和新加坡占据高端装备总装建造市场大部分份额，中国和巴西等国主要制造中低端产品。[②]

"微笑曲线"实质上强调的是创新在产业发展过程中的重要作用，无论是"微笑曲线"前端的技术研发还是"微笑曲线"末端的市场拓展都需要不断地创新，创新元素是支撑产业升级与产业转型的重要支点。多数学者赞同"微笑曲线"的基本观点，认为我国制造业大多处于中端环节，应提升产业创新能力。[③] 但是，也有部分学者认为"微笑曲线"只是部分适用于产

---

① 《中国专利申请数量泛滥利用率不高　许可实施率仅 2%》，中国青年网，2017年 4 月 4 日，http://news.youth.cn/jsxw/201704/t20170404_9411895.htm。

② 中国工程科技发展战略研究院：《2021 中国战略性新兴产业发展报告》，科学出版社，2020，第 78 页。

③ 孙晓飞：《"中国制造"产业升级的对策研究——基于"微笑曲线"视角的探讨》，《内蒙古科技与经济》2010 年第 4 期，第 15～16 页；赵彦云、秦旭、王杰彪：《"再工业化"背景下的中美制造业竞争力比较》，《经济理论与经济管理》2012 年第 2 期，第 81～88 页。

业发展，在微观层面的科学性和适用性有待证实。[①] 此外，"微笑曲线"的两端固然价值增长较快，我们也不能盲目去追求抢占"微笑曲线"两端的份额，中端环节的发展同样大有可为。[②]

随着人口红利的减少，我国经济增长引擎需要寻找新的动能，而以创新积极推进战略性新兴产业高端化正是主要的新动能之一。

第三节 新优序融资理论

新优序融资理论（Peaking Order Theory）由迈尔斯（Steward Myers）和马吉洛夫（Nicholas Majluf）根据信息不对称理论共同创建。该理论的基本假设是，公司是完全信息方而投资人并未掌握全部信息。[③]

新优序融资理论从纯理论的角度对企业融资的优选融资模式进行了排序，根据融资风险、融资成本、企业发展目的等对企业融资模式进行对比研究。新优序融资理论的核心观点体现

①　文婧、张生丛：《价值链各环节市场结构对利润分布的影响——以晶体硅太阳能电池产业价值链为例》，《中国工业经济》2009 年第 5 期，第 150~160 页；邓欣：《浙江民营制造业升级途径研究——基于逆微笑曲线视角》，《经济论坛》2012 年第 10 期，第 22~24 页；闫云凤：《全球价值链位置决定价值获取程度吗？——基于长度和强度的产业"微笑曲线"检验》，《南京财经大学学报》2018 年第 5 期，第 12~20 页。

②　倪红福：《全球价值链中产业"微笑曲线"存在吗？——基于增加值平均传递步长方法》，《数量经济技术经济研究》2016 年第 11 期，第 111~126 页。

③　Stewart C. Myers，Nicholas S. Majluf，"Corporate Financing and Investment Decisions When Firms Have Information That Investors Do Not Have," *Journal of Financial Economics* 13 (1984)：187-221.

在以下三个方面。

第一，由于信息不对称情况的存在，投资人将会要求风险溢价，因此，外源融资的成本将会高于内源融资的成本，在诸多融资方式中内源融资的成本最低，而且不涉及股权稀释和财务杠杆问题，在公司融资过程中应作为首选。

第二，如果需要外源融资，那么债权融资方式要优于股权融资方式，力求避免进行发行股票等高风险证券融资，因为要保持投资者和股东的投资热情，必须保持稳定的股利发放，这会增加融资成本。

第三，公司通过向外融资解决资金不足问题时，将按风险等级由低到高的顺序发行股票。

第四节　信息不对称理论

信息不对称理论主要指的是在市场经济活动中，由于交易双方对于信息的掌握是不同的，信息掌握较为充分的一方往往会更具竞争优势。信息不对称会导致逆向选择和道德风险，降低资源配置效率。

最早研究信息不对称的是美国经济学家阿克尔洛夫，1970年，他在哈佛大学经济学期刊上发表了著名的《次品问题》一文，首次提出了"信息市场"概念。[①]《次品问题》一文从二手车市场的供求双方博弈进行分析，认为在二手车市场中车主会

---

① George A. Akerlof, "The Markets for 'Lemons': Quality Uncertainty and the Market Mechanism," *Quarterly Journal of Economics* 84 (1970): 488-500.

比买方拥有更多的信息，从而使得市场中的"次品二手车"挤出"优质二手车"，最终导致整个市场的低效率和低质量。

在信息不对称理论的研究中，最著名的三位经济学家是阿克尔洛夫、斯宾塞和斯蒂格利茨。他们分别从商品交易、劳动力市场和金融市场三个不同的领域对信息不对称理论进行研究。其中，斯蒂格利茨将阿克尔洛夫提出的"信息市场"概念引入金融市场，并且在对保险市场的研究中，分析了"逆向选择"现象。

在融资领域中同样存在信息不对称现象，因此会出现企业骗贷、银行惜贷、风险资本投向集中、股市异常波动等诸多现象，对于信息不对称问题的解决方案仍在不断的探索过程中。

信息不对称理论揭示了信息对于产业发展和金融安全的重要性，指出市场自发配置往往具有一定的盲目性，强调了信息公开、信息透明以及政府监管的重要性，同时也推动了博弈论的发展。

第三章

财税政策支持战略性
新兴产业创新分析

财税政策是政府宏观调控的主要手段之一，同时也是产业政策的"风向标"，对于战略性新兴产业这类高新技术产业而言，政府的政策支持至关重要，其不仅能够使各产业在税收减免和政府补贴方面获得资金支持，还能够引导社会资本向战略性新兴产业领域流动。特别是战略性新兴产业在初期研发时间跨度长、研发经费高，急需政府"有形的手"进行适时干预和必要扶持，才能够有效地提升核心竞争力，增强产业的创新能力。

第一节　财税政策支持战略性新兴产业
创新的主要类型

技术创新是产业升级的重要引擎，然而新兴产业的研发创新需要大量的人力资源、资金投入和试错成本，在产品上市之后又存在正外部性，导致收益外溢[1]，容易挫伤产业创新的原动力。在实践中，正外部性问题与"搭便车"行为需要政府调节，只有补贴创新产业的外溢收益，才能够推进产业创新发展。目前我国战略性新兴产业的财税扶持政策主要包括三种类型。

一　激励创新型

以近几年的相关政策为例，2017 年 4 月，财政部和国家税务总局联合发布《关于创业投资企业和天使投资个人有关税收试点政策的通知》（财税〔2017〕38 号），规定公司制创业投资企业采取股权投资方式直接投资于种子期、初创期科技型企业满 2 年的，可以按照投资额的 70% 在股权持有满 2 年的当年抵扣该公司制创业投资企业的应纳税所得额。[2] 随后，又有一系列鼓励高新技术产业创新发展的税收优惠政策出台，包括《关于提高科技型中小企业研究开发费用税前加计扣除比例的通知》（财税〔2017〕34 号）、《关于延长高新技术企业和科技型中小企业亏损结转年限的通知》（财税〔2018〕76 号）、《关于明确部分先进制造业增值税期末留抵退税政策的公告》（财政部　税务总局公告 2019 年第 84 号）、《财政部　科技部关于印发〈国

---

① Maryann P. Feldman, Maryellen R. Kelley, "The Ex Ante Assessment of Knowledge Spillovers: Government R&D Policy, Economic Incentives and Private Firm Behavior," *Research Policy* 35 (2006): 1509–1521.

② 《财政部　国家税务总局关于创业投资企业和天使投资个人有关税收试点政策的通知》（财税〔2017〕38 号），国家税务总局官网，2017 年 4 月 28 日，http://www.chinatax.gov.cn/chinatax/n810341/n810765/n2511651/201704/c2712717/content.html。

家重点研发计划资金管理办法〉的通知》（财教〔2021〕178号）、《关于印发〈中小企业发展专项资金管理办法〉的通知》（财建〔2021〕148号）、《财政部 海关总署 税务总局关于"十四五"期间支持科技创新进口税收政策的通知》（财关税〔2021〕23号）等。

2019年，国家加强了对高新技术产业的税收优惠，取消企业委托境外研发费用不得加计扣除限制，将企业研发费用加计扣除比例提高到75%的政策由科技型中小企业拓展至所有企业，将高新技术企业和科技型中小企业的亏损结转年限由5年延长至10年。[1] 自2019年元旦起，连续两年对各研发机构的国产设备采购全额退还增值税。[2] 2019年5月，《关于集成电路设计和软件产业企业所得税政策的公告》规定："在2018年12月31日前自获利年度起计算优惠期，第一年至第二年免征企业所得税，第三年至第五年按照25%的法定税率减半征收企业所得税，并享受至期满为止。"[3] 自2021年4月1日起，按照《国民经济行业分类》，生产并销售"非金属矿物制品""通用设备""专用设备""计算机、通信和其他电子设备""医药""化学纤维"

---

[1] 《关于2018年中央和地方预算执行情况与2019年中央和地方预算草案的报告》，财政部官网，2019年3月18日，http：//www.mof.gov.cn/zhengwuxinxi/caizhengxinwen/201903/t20190318_3194653.htm。

[2] 《关于继续执行研发机构采购设备增值税政策的公告》（财政部 商务部 税务总局公告2019年第91号），财政部官网，2019年11月14日，http：//szs.mof.gov.cn/zhengcefabu/201911/t20191114_3422652.htm。

[3] 《关于集成电路设计和软件产业企业所得税政策的公告》（财政部 税务总局公告2019年第68号），财政部官网，2019年5月17日，http：//szs.mof.gov.cn/zhengcefabu/201905/t20190521_3261938.htm。

"铁路、船舶、航空航天和其他运输设备""电气机械和器材"
"仪器仪表"销售额占全部销售额的比重超过50%的纳税人,可
以自2021年5月及以后纳税申报期向主管税务机关申请退还增
量留抵税额。①

二 鼓励进出口型

2019年,我国对4000多种产品提高了出口退税率,对大部
分急需的进口药品实行零关税,关税总水平三年内下降2.2%。②
同年,国务院同意在24个城市设立跨境电子商务综合试验区,
并对跨境电子商务零售出口试行增值税、消费税免税等相关
政策。③

2020年,财政部连续三年对新能源汽车实行免征车辆购置
税政策。④ 2020年1月,财政部、工业和信息化部、海关总署、
国家税务总局以及国家能源局联合发布《重大技术装备进口税
收政策管理办法》,对符合规定条件的企业及核电项目业主为生

---

① 《关于明确先进制造业增值税期末留抵退税政策的公告》(财政部 税务总
局公告2021年第15号),财政部官网,2021年4月23日,http://
szs. mof. gov. cn/zhengcefabu/202104/t20210428_3694211. htm。
② 《关于2018年中央和地方预算执行情况与2019年中央和地方预算草案的报告》,
财政部官网,2019年3月18日,http://www. mof. gov. cn/zhengwuxinxi/
caizhengxinwen/201903/t20190318_3194653. htm。
③ 《国务院关于同意在石家庄等24个城市设立跨境电子商务综合试验区的批
复》(国函〔2019〕137号),中央人民政府网,2019年12月24日,
http://www. gov. cn/zhengce/content/2019-12/24/content_5463598. htm。
④ 《关于继续执行的车辆购置税优惠政策的公告》(财政部 税务总局公告2019
年第75号),财政部官网,2019年6月28日,http://szs. mof. gov. cn/zt/
jsjfzczl/zcfg/201906/t20190628_3287572. htm。

产国家支持发展的重大技术装备或产品而确有必要进口的部分关键零部件及原材料，免征关税和进口环节增值税。① 《关于"十四五"期间能源资源勘探开发利用进口税收政策的通知》（财关税〔2021〕17 号）对在我国海洋进行石油（天然气）勘探开发作业的项目，以及海上油气管道应急救援项目，进口国内不能生产或性能不能满足需求的，并直接用于勘探开发作业或应急救援的设备、仪器、零附件、专用工具，免征进口关税和进口环节增值税。② 2021 年 4 月，财政部、国家发改委、科技部等联合发布《关于"十四五"期间支持科技创新进口税收政策管理办法的通知》（财关税〔2021〕24 号），大力支持科技创新。③ 为支持新一代信息技术发展，财政部、海关总署、国家税务总局下发通知，自 2021 年 1 月 1 日至 2030 年 12 月 31 日，对新型显示器件（即薄膜晶体管液晶显示器件、有源矩阵有机发光二极管显示器件、Micro-LED 显示器件）生产企业进口国内不能生产或性能不能满足需求的自用生产性原材料、消耗品和净化室配套系统、生产设备（包括进口设备和国产设备）零配件，对新型显示产业的关键原材料、零配件生产企业进口国内

---

① 《关于印发〈重大技术装备进口税收政策管理办法〉的通知》（财关税〔2020〕2 号），国家税务总局官网，2020 年 1 月 8 日，http：//www.chinatax. gov. cn/chinatax/n810341/n810755/c5142591/content. html。

② 《关于"十四五"期间能源资源勘探开发利用进口税收政策的通知》（财关税〔2021〕17 号），财政部官网，2021 年 4 月 12 日，http：//gss. mof. gov. cn/gzdt/zhengcefabu/202104/t20210430_3695876. htm。

③ 《关于"十四五"期间支持科技创新进口税收政策管理办法的通知》（财关税〔2021〕24 号），财政部官网，2021 年 4 月 16 日，http：//gss. mof. gov. cn/gzdt/zhengcefabu/202104/t20210427_3693272. htm。

不能生产或性能不能满足需求的自用生产性原材料、消耗品，免征进口关税。[1] 为促进集成电路产业和软件产业高质量发展，财政部、海关总署、国家税务总局决定，对集成电路产业的关键原材料、零配件（即靶材、光刻胶、掩模版、封装载板、抛光垫、抛光液、8 英寸及以上硅单晶、8 英寸及以上硅片）生产企业，进口国内不能生产或性能不能满足需求的自用生产性原材料、消耗品，免征进口关税。[2]

三　扶持小微企业型

2018 年，扩大小微企业所得税减半优惠范围，将企业年纳税所得额从 50 万元提高至 100 万元，将小微企业贷款利息收入免征增值税单户授信额度上限由 100 万元提高到 1000 万元；对高端装备产业、电网产业等产业企业的期末留抵税额予以一次性退还。2019 年，将制造业 16% 的增值税税率降至 13%，允许地方在 50% 税额幅度内减征资源税等"六税两附加"，扩展投资初创科技型企业享受税收优惠政策的范围。[3] 2019 年 1 月，财政部和国家税务总局联合发布《关于实施小微企业普惠性税收减

---

[1] 《关于 2021—2030 年支持新型显示产业发展进口税收政策的通知》（财关税〔2021〕19 号），财政部官网，2021 年 3 月 31 日，http：//gss. mof. gov. cn/gzdt/zhengcefabu/202104/t20210412_3684752. htm。

[2] 《财政部　海关总署　税务总局关于支持集成电路产业和软件产业发展进口税收政策的通知》（财关税〔2021〕4 号），财政部官网，2021 年 3 月 16 日，http：//gss. mof. gov. cn/gzdt/zhengcefabu/202103/t20210329_3677452. htm。

[3] 《关于 2018 年中央和地方预算执行情况与 2019 年中央和地方预算草案的报告》，财政部官网，2019 年 3 月 18 日，http：//www. mof. gov. cn/zhengwuxinxi/caizhengxinwen/201903/t20190318_3194653. htm。

免政策的通知》（财税〔2019〕13 号），规定"对小型微利企业年应纳税所得额不超过 100 万元的部分，减按 25% 计入应纳税所得额，按 20% 的税率缴纳企业所得税；对年应纳税所得额超过 100 万元但不超过 300 万元的部分，减按 50% 计入应纳税所得额，按 20% 的税率缴纳企业所得税"①。

2020 年 2 月，国务院办公厅发布《关于推广第三批支持创新相关改革举措的通知》（国办发〔2020〕3 号），鼓励建立科技型中小企业银行贷款担保机制，允许地方政府根据资金盈亏情况为担保公司提供一定金额的补偿。另外，建立银行贷款风险缓释机制，针对科技型中小企业发放的银行贷款，政府按一定比例"兜底"。②

2021 年，财政部、工业和信息化部继续组织实施小微企业融资担保业务降费奖补政策，引导地方支持扩大实体经济领域小微企业融资担保业务规模，降低小微企业融资担保成本，着力缓解小微企业融资难、融资贵问题。通过增设"分档定额奖励系数"，鼓励地方将小微企业融资担保费率降低至 1.5% 及更低水平；继续通过"因素法补助区域补助系数"，体现对中西部

---

① 《关于实施小微企业普惠性税收减免政策的通知》（财税〔2019〕13 号），财政部官网，2019 年 1 月 17 日，http://szs. mof. gov. cn/zhengcefabu/201901/t20190118_3125682. htm。

② 《国务院办公厅关于推广第三批支持创新相关改革举措的通知》（国办发〔2020〕3 号），中央人民政府网，2020 年 2 月 21 日，http://www. gov. cn/zhengce/content/2020-02/21/content_5481674. htm。

地区的倾斜支持。① 着眼于推进中小企业高质量发展和助推构建
"双循环"新发展格局，2021～2025 年，中央财政累计安排 100
亿元以上奖补资金，引导地方完善扶持政策和公共服务体系，
分三批（每批不超过三年）重点支持 1000 余家国家级专精特新
"小巨人"企业高质量发展，促进这些企业发挥示范作用，并通
过支持部分国家（或省级）中小企业公共服务示范平台强化服
务水平，聚集资金、人才和技术等资源，带动 1 万家左右中小
企业成长为国家级专精特新"小巨人"企业。②

第二节 财税政策支持战略性新兴产业
创新的现状分析

一直以来，战略性新兴产业都是财政支持的主要领域之一。
市场失灵理论已经证明了政府干预经济的必要性，特别是新兴
产业在初创期往往会存在市场失灵的情况，此时，政府干预经
济能够有效地防止"市场失灵"问题。③

早在 2011 年 10 月，商务部等十部委就联合发文，明确
"要结合战略性新兴产业发展特点，落实各项财税支持政策，利

---

① 《关于继续实施小微企业融资担保业务降费奖补政策的通知》（财建
〔2021〕106 号），财政部官网，2021 年 4 月 25 日，http://jjs.mof.gov.
cn/zhengcefagui/202105/t20210508_3698335.htm。

② 《关于支持"专精特新"中小企业高质量发展的通知》（财建〔2021〕2 号），
财政部官网，2021 年 1 月 23 日，http://jjs.mof.gov.cn/zhengcefagui/
202102/t20210202_3653069.htm。

③ 〔英〕约翰·梅纳德·凯恩斯：《就业、利息和货币通论》（重译本），高鸿
业译，商务印书馆，1999。

用出口信贷和出口信用保险，支持相关领域的重点产品、技术和服务开拓国际市场"。① 2012 年底，《战略性新兴产业发展专项资金管理暂行办法》出台，采取拨款补助、参股创业投资基金等方式，支持新兴产业创业投资计划、产学研协同创新和具有国际竞争力的产业集群建设。② 2016 年 11 月，国务院印发《"十三五"国家战略性新兴产业发展规划》，着重指出要加大金融财税支持力度，随后财政部出台了一系列减免税收的政策。例如，2019 年 5 月，《关于集成电路设计和软件产业企业所得税政策的公告》对软件产业和集成电路设计产业减免税收③；从 2020 年开始，采取"以奖代补"的方式重点支持新能源公交车运营④。

以本章选取的样本企业为例，年报显示，2020 年，在新一代信息技术产业中，浙大网新获得税收返还、减免 288.94 万元；东软股份的子公司东软集团（长春）有限公司从 2017 年底起计算优惠期，第一年至第二年免征企业所得税，第三年至第五年按照 25% 的法定税率减半征收企业所得税。2020 年，在生

---

① 《十部委发文助力战略性新兴产业发展》，财政部官网，2011 年 10 月 19 日，http://www.mof.gov.cn/zhengwuxinxi/caizhengxinwen/201110/t20111019_600675.htm。

② 《关于印发〈战略性新兴产业发展专项资金管理暂行办法〉的通知》（财建〔2012〕1111 号），财政部官网，2013 年 1 月 24 日，http://jjs.mof.gov.cn/zhengcefagui/201301/t20130124_729883.htm。

③ 《关于集成电路设计和软件产业企业所得税政策的公告》（财政部　税务总局公告 2019 年第 68 号），财政部官网，2019 年 5 月 17 日，http://szs.mof.gov.cn/zhengcefabu/201905/t20190521_3261938.htm。

④ 《关于支持新能源公交车推广应用的通知》（财建〔2019〕213 号），财政部官网，2019 年 5 月 8 日，http://jjs.mof.gov.cn/zhengcefagui/201905/t20190508_3251282.htm。

物医药产业中，华东医药获得 842.44 万元的税收返还；华海药业获得50.8万元的税收返还；乐普医疗获得 1518 万元的税收返还；2021 年，新华制药的子公司山东淄博新达制药有限公司被认定为高新技术企业，有效期 3 年，使用所得税税率 15%。节能环保产业和新能源汽车产业中的企业获得的税收优惠较多，基本上所有企业在 2020 年都获得了政府的税收返还或者减免。其中，东方园林获得 1 亿元的税收优惠；东旭光电获得 3910.32 万元的税收返还；江苏国泰获得 2464.62 万元的税收返还；长安汽车的四家子公司被认定为高新技术企业，有效期 3 年，使用所得税税率 15%。①

此外，政府直接拨款和财政补助也是政府支持战略性新兴产业发展的主要方式。从战略性新兴产业上市公司中随机抽取部分企业作为样本，根据样本企业 2021 年年报数据，绝大多数企业都获得了政府拨款或者财政补助，见表 3-1。

从表 3-1 中可以看出，生物医药产业和新能源产业获得的政府拨款或财政补助较多，其中，生物医药产业 19 家样本企业中有 18 家企业在 2020 年获得超过千万元的政府拨款或财政补助。新能源产业的 14 家样本企业中有 8 家企业在 2020 年获得超过千万元的政府拨款或财政补助，有 6 家企业获得了超过亿元的政府拨款或财政补助。相比较而言，新材料产业和高端装备产业所获得的政府拨款或财政补助较少，新材料产业 17 家样本企业中只有 2 家企业的政府拨款或财政补助超过了 1 亿元，另有 10 家企业的政府拨款或财政补助超过了千万元。高端装备产

---

① 数据来自本书所选样本企业年报数据。

单位：万元

表 3-1 2020 年战略性新兴产业政府拨款或财政补助情况

企业	资金	企业	资金	企业	资金	企业	资金	企业	资金
1. 铜峰电子	763	2. 天坛生物	2404	3. 中科三环	3266	5. 东方电气	17411	6. 城投控股	1632
1. 宝信软件	180	2. 云南白药	17811	3. 有研新材	3047	5. 华西能源	849	6. 清新环境	1770
1. 精伦电子	603	2. 新华制药	3933	3. 瑞泰科技	3309	5. 川能动力	219	6. 菲达环保	4960
1. 特发信息	5130	2. 乐普医疗	12103	3. 方大集团	1287	5. 特变电工	44304	6. 三聚环保	3248
1. 南天信息	799	2. 湘潭海利	2493	4. 振华重工	9785	5. 国新能源	22336	7. 德赛电池	2745
1. 东软股份	14095	2. 鱼跃医疗	5145	4. 航天机电	4701	5. 易成新能	2661	7. 东旭光电	14668
1. 浙大网新	2259	2. 海南海药	5700	4. 机器人	20141	5. 广聚能源	125	7. 格力电器	134617
1. 光迅科技	3878	2. 华润三九	21887	4. 中信海直	329	5. 江苏新能	236	7. 韶能股份	4533
1. 风华高科	12314	2. 华东医药	11253	4. 山推股份	2080	5. 中国电建	20228	7. 深圳华强	1197
1. 湘邮科技	555	2. 科伦药业	32473	4. 航天信息	1	5. 中国核电	1363	7. 万向钱潮	9455
1. 中天科技	18664	2. 恒瑞医药	18998	4. 航天电子	8562	5. 华能国际	85370	7. 比亚迪	167809
1. 宁波韵升	1941	3. 烟台万华	69748	4. 华菱数控	208	6. 龙净环保	12194	7. 长安汽车	79790
1. 同方股份	20852	3. 佛山塑料	3820	4. 中联重科	16585	6. 聚光科技	7169	7. 中鼎股份	13393

续表

企业	资金	企业	资金	企业	资金	企业	资金	企业	资金
1. 生益科技	6112	3. 安泰科技	8457	4. 广西柳工	22375	6. 美晨生态	1316	7. 中信国安	2510
1. 厦门信达	4987	3. 鲁西化工	9239	4. 中船科技	4100	6. 伟明环保	4152	7. 佳电股份	4501
1. 深桑达	404	3. 安利股份	1931	4. 中化国际	34907	6. 兴蓉环境	7872	7. 众泰汽车	1318
2. 人福医药	21218	3. 高盟新材	365	4. 徐工机械	19137	6. 创业环保	1	7. 三花智控	13410
2. 辅仁药业	1910	3. 津膜科技	985	4. 太原重工	48527	6. 中原环保	3020	7. 国轩高科	39332
2. 普洛药业	9560	3. 华峰超纤	6418	4. 蓝英装备	794	6. 东旭蓝天	3419	7. 江苏国泰	9781
2. 华海药业	13119	3. 盛和资源	3047	4. 纳思达	9093	6. 首创股份	12623	7. 利欧股份	4559
2. 信立泰	7535	3. 银邦科技	849	4. 威孚高科	14648	6. 启迪桑德	12398	7. 拓邦股份	2733
2. 上海医药	54316	3. 特变电工	44304	5. 宝新能源	707	6. 格林美	14097	7. 江特电机	7243
2. 信邦制药	770	3. 锴富技术	345	5. 冀中能源	19684	6. 东方园林	1308	7. 成飞集成	881
2. 复星医药	6805	3. 安彩高科	186	5. 汇通能源	179	6. 碧水源	4834	7. 融捷股份	871

注：1 为新一代信息技术产业中的企业；2 为生物医药产业中的企业；3 为新材料产业中的企业；4 为高端装备产业中的企业；5 为新能源产业中的企业；6 为节能环保产业中的企业；7 为新能源汽车产业中的企业。

资料来源：120 家企业 2021 年年报。

业的情况与新材料产业类似，有 1 家企业仅获得 1 万元政府拨款或财政补助，有 7 家企业获得超过 1 亿元政府拨款或财政补助。新能源汽车企业获得政府拨款或财政补助的金额参差不齐，有的企业获得高达 16.78 亿元的财政支持，仅有 2 家企业获得的政府拨款或财政补助不足千万元。

第三节　财税政策支持战略性新兴产业
创新的实证研究

财税政策支持战略性新兴产业的根本目的在于振兴民族工业、提升制造业的核心竞争力，而我国制造业的核心竞争力集中体现在产业创新能力上。因此，本章拟选择产业创新能力作为着眼点，以"创新潜力"和"研发强度"为被解释变量，实证研究财政补贴和税收优惠政策对战略性新兴产业创新能力发展的影响。

一　样本选择及数据来源

首先在战略性新兴产业中随机选择 400 家上市公司。然后以下列标准进行二次筛选：（1）剔除已经 ST 和*ST 的样本；（2）剔除财务报表不连续的样本；（3）剔除年报编制不规范的样本；（4）平衡样本公司在全国各省份的分布。

经过筛选，最终选择 300 家上市公司作为实证研究样本，其中，生物医药产业中的公司 42 家，新材料产业中的公司 43 家，新能源产业中的公司 38 家，新能源汽车产业中的公司 45 家，高端装备产业中的公司 42 家，节能环保产业中的公司 44

家，新一代信息技术产业中的公司 46 家。实证所用数据全部来源于 300 家上市公司官网 2016~2019 年 A 股年报中的资产负债表、现金流量表、损益表以及报表附注中的数据。

二　变量设计及变量描述

衡量公司创新能力的指标主要包括专利数量、新产品销售收入和研发强度。专利的申请量和授权量是常被用来衡量公司研发能力的指标，但是，选择专利数量作为被解释变量有以下几点不足：其一，并非所有的研发成果都能够达到申请专利的标准；其二，一些研发成果出于保密性考虑，并未申请专利；其三，未申请专利的研发成果也可能促进公司发展，但是其贡献难以计量；其四，研发过程本身就是对公司创新能力的积淀，专利并不能完全等同于创新能力。因此，本章未将专利数量作为指标引入实证研究。新产品销售收入亦是如此，一方面，公司的研发成果并不能全部转化为新产品，目前我国专利的转化率只有 10% 左右；[①] 另一方面，新产品的推出不一定完全依赖研发成果，并且由于产业间的异质性，新产品的推广和销售呈现不同特点，统计口径难以统一。

基于此，本章选择"创新潜力"和"研发强度"指标代表公司创新能力。其中，创新潜力＝研发人员数量/职工总数×100%；研发强度＝研发费用/主营业务收入×100%。解释变量为财政补贴和税收优惠，其中，财政补贴＝财政补贴金额/主营业

---

① 王伟光、陈锡文、李扬等：《"十二五"时期我国经济社会发展改革问题笔谈》，《经济研究》2010 年第 12 期，第 4~22 页。

务收入×100%；税收优惠=税收优惠金额/主营业务收入×100%。
另外，选择公司规模、股权集中度、盈利能力作为控制变量，
其中，公司规模=公司年度总资产的自然对数；股权集中度=公
司前五大股东持股比例；盈利能力=年度净利润/总资产。以上
变量皆选用年度数据，具体变量设计汇总见表3-2。

表3-2 变量选择与定义

变量类型	变量名称	变量符号	定义
被解释变量	创新潜力	PY	研发人员数量/职工总数×100%
	研发强度	CY	研发费用/主营业务收入×100%
解释变量	财政补贴	BT	财政补贴金额/主营业务收入×100%
	税收优惠	TA	税收优惠金额/主营业务收入×100%
控制变量	公司规模	SZ	公司年度总资产的自然对数
	股权集中度	GQ	公司前五大股东持股比例
	盈利能力	YL	年度净利润/总资产

资料来源：笔者自制。

将300家样本公司连续4年的面板数据代入 Stata 14 计量软
件中进行分析，可得变量分析结果如表3-3所示。

表3-3 变量描述

变量	均值	标准差	最小值	最大值	观测值
PY	0.2514833	0.2318651	0	2.89	1200
CY	0.1166417	0.4499904	0	6.14	1200

变量	均值	标准差	最小值	最大值	观测值
BT	13.46417	94.52503	0	2252.96	1200
TA	7.911483	45.33199	0	1025.73	1200
SZ	5.839875	0.5612192	4.07	7.89	1200
GQ	49.67068	14.38785	0	95.98	1200
YL	0.0346583	0.0666802	-0.78	0.48	1200

资料来源：由 Stata 14 计量软件分析得出。

三 模型构建及实证结果

实证研究选择固定效应模型，以创新潜力 PY 与研发强度 CY 为被解释变量，构建模型如下：

$$PY_{i,y} = \beta_0 + \beta_1 BT_{i,y} + \beta_2 TA_{i,y} + \beta_3 SZ_{i,y} + \beta_4 GQ_{i,y} + \beta_5 YL_{i,y} + \varepsilon_{i,y} \tag{3-1}$$

$$CY_{i,y} = \beta_0 + \beta_1 BT_{i,y} + \beta_2 TA_{i,y} + \beta_3 SZ_{i,y} + \beta_4 GQ_{i,y} + \beta_5 YL_{i,y} + \varepsilon_{i,y} \tag{3-2}$$

其中，i 代表样本公司，y 代表年份，β_0 是常数项，$\varepsilon_{i,y}$ 代表随机误差。

先将 300 家样本公司的面板数据代入式（3-1），用 Stata 14 计量软件进行实证分析，可以得到实证结果如表 3-4 所示。

表 3-4　实证结果 1（创新潜力）

变量	系数	标准误	t	P>｜t｜	95%置信区间	
					下限	上限
BT	−5.74E−06	0.0000608	−0.09	0.925	−0.0001252	0.0001137
TA	9.19E−07	0.0001878	0	0.996	−0.0003676	0.0003694
SZ	0.0522079	0.0207984	2.51	0.012	0.0113886	0.0930271
GQ	−0.0009675	0.0007134	−1.36	0.175	−0.0023675	0.0004326
YL	0.1089247	0.0537432	2.03	0.043	0.0034474	0.214402
常数项	−0.0090531	0.1299317	−0.07	0.944	−0.2640594	0.2459533

资料来源：由 Stata 14 计量软件分析得出。

由表 3-4 系数和 P>｜t｜值可知，财政补贴 *BT*、税收优惠 *TA* 和股权集中度 *GQ* 与被解释变量 *PY* 不相关，公司规模 *SZ*、盈利能力 *YL* 与被解释变量 *PY* 呈正相关关系。

在经济发展新常态下，我国的经济增长正逐步从"人口红利"向"人才红利"转变，研发人员的占比在一定程度上决定了公司的创新潜力。但是，从实证结果来看，我国的财政补贴和税收优惠政策并未对科研人才起到直接的激励作用，而公司规模和盈利能力对吸引人才具有积极作用。

再将 300 家样本公司的面板数据代入式（3-2），用 Stata 14 计量软件进行实证分析，得到的实证结果如表 3-5 所示。

表 3-5 实证结果 2（研发强度）

变量	系数	标准误	t	P>｜t｜	95%置信区间	
BT	-1.27E-03	0.0001318	-9.63	0.000	-0.0015274	-0.0010101
TA	3.65E-03	0.0004067	8.97	0.000	0.0028498	0.0044463
SZ	-0.0201064	0.0450591	-0.45	0.656	-0.1085402	0.0683275
GQ	0.0021248	0.0015451	1.38	0.169	-0.0009077	0.0051573
YL	-0.0764869	0.1164619	-0.66	0.512	-0.3050575	0.1520837
常数项	0.1194882	0.2814813	0.42	0.671	-0.4329529	0.6719292

资料来源：由 Stata 14 计量软件分析得出。

表 3-5 显示，财政补贴 BT 与被解释变量 CY 显著负相关，而税收优惠 TA 和被解释变量 CY 显著正相关。公司规模 SZ、股权集中度 GQ 和盈利能力 YL 与被解释变量 CY 不相关。可见，税收优惠政策能够促进公司的研发投入，而财政补贴政策对公司的研发投入具有"挤出效应"。

四 稳健性检验

改变指标体系中的变量计算方式，重新设定为：财政补贴 BT＝样本公司年度财政补贴金额取对数；税收优惠 TA＝样本公司年度税收优惠金额取对数。并将控制变量盈利能力替换为销售收入增长率；股权集中度取值改为公司前十大股东持股比例。将上述变量再次代入模型，利用 Stata 14 计量软件进行分析，所得结果与以上研究结论相同，因此，本章实证研究具有稳健性。

第四节　财税政策支持战略性新兴
产业创新中的问题分析

虽然我国财税政策对战略性新兴产业进行了大力扶持，但是，在实际操作过程中，仍存在一些问题，包括财政资金投向重生产、轻人才，财税政策"点""面"支持结构不同，以及财政资金使用效率缺乏预估和考核机制。

一　财政资金投向重生产、轻人才

我国财政资金支持存在产业间差异，无论是税收优惠还是政府补贴多偏向高端装备产业、新能源产业和新能源汽车产业（见表3-6）。

表3-6　七大产业平均每家企业所获财政支持与盈利情况对比

单位：万元

产业	平均净利润	主营业务收入	财政资金支持
新能源汽车	701392	131308	699679
新能源	308391	50961	276807
高端装备	126354	40685	252414
生物医药	281880	32913	85618
节能环保	127399	13886	78808
新一代信息技术	99647	16539	71286
新材料	66009	9115	56091

资料来源：根据300家样本公司2016~2019年年报数据整理所得。

　　分析样本公司净利润和主营业务收入的数据，可以探寻财政资金流向的原因。2016~2019 年年报显示，生物医药产业 42 家样本公司共获得 1183.89 亿元净利润，平均每家公司获得净利润为28.19 亿元；新材料产业 43 家样本公司共获得 283.84 亿元净利润，平均每家公司净利润为 6.60 亿元；新一代信息技术产业中平均每家公司净利润为 9.96 亿元；高端装备产业中平均每家公司净利润为 12.64 亿元；新能源汽车产业、新能源产业和节能环保产业的平均净利润分别为 70.14 亿元、30.84 亿元和 12.74 亿元。从表 3-6 可知，随着产业间净利润和主营业务收入的减少，产业所获得的税收优惠和政府补贴金额也相应减少，可以推断，政府的财政资金主要支持产业的生产环节和市场开拓。

　　再探究样本公司获得的政府补贴项目明细，从获得财政资金较多的新能源汽车产业、新能源产业和高端装备产业中共随机抽取 10 家样本公司进行分析。

　　福田汽车 2020 年获得政府补贴 6.13 亿元，全部用于新能源汽车项目研发、产业技术成果转化、车联网应用项目研发等领域，未设立人才奖励或者补助项目；2018 年的 2.02 亿元政府补助同样全部投向生产环节。比亚迪 2020 年计入其他收益项下的政府补贴总额为 16.95 亿元，其中，3029 万元为稳岗补贴（属于失业保险基金而非科研人员激励经费），研发补贴仅为 1.4 亿元，其余经费用于营销奖励、电池项目研发、混合动力系统项目等，在 2016~2019 年年报的政府补助明细中都未涉及科研人员奖励或者补助。成飞集成 2020 年获得政府补贴 3762.76 万元，全部用于技术改造、研发仪器设备购置等。

　　江苏新能 2020 年 778.93 万元的政府补贴中，设置了 24.26

万元的稳岗补贴，其余资金都投向生产环节；2019 年 102.50 万元的政府补贴未涉及科研人员。银星能源 2020 年涉及递延收益的政府补贴的项目总计 1336.6 万元，资金均投向太阳能电池及跟踪器项目、新基地建设、光伏组件车间项目、风电机组风场试验公共服务平台建设、新能源产业发展等生产环节；2019 年 919.21 万元的政府补贴资金均投向生产环节。京能电力 2020 年合计获得政府补助 2.35 亿元，全部用于节能防污、技术成果转化、知识产权保护等，在 2015～2019 年的政府补贴项目中均未涉及科研人员激励。

航天机电 2020 年共获得政府补贴 1.09 亿元，政府补贴项目均未涉及科研人员激励，补贴全部用于系统升级、技术改造和促进出口。机器人 2020 年共获得政府补贴 2.73 亿元，资金都用于专利研发或者产业化项目等。中船科技 2020 年共获得政府补贴 4014.83 万元，其中稳岗补贴 141.87 万元，其他均用于关键技术研究、装备研发、平台建设等。中联重科 2020 年共获得政府补贴 5.62 亿元，全部用于税收奖励及新建信息化系统补贴、"退二进三"项目、创新平台研发、产品推广与服务扶持、产业园改扩建、水田农业机械生产基地转型升级等，无人才补助专项。由此可见，财税政策更多关注生产领域，忽视了人才激励。

二 财税政策"点""面"支持结构不同

从结构上看，税收优惠具有普惠性，常以"面"为支持形式，而政府补贴在产业间和产业内部更具差异性，偏重于选择资助"点"。

例如，《关于提高科技型中小企业研究开发费用税前加计扣除比例的通知》（财税〔2017〕34 号），允许公司研发费用按 75% 的比例加计扣除；《关于科技人员取得职务科技成果转化现金奖励有关个人所得税政策的通知》（财税〔2018〕58 号）规定，科研人员获得的科技成果奖励和奖金免征个人所得税；《关于实施小微企业普惠性税收减免政策的通知》（财税〔2019〕13 号），将增值税小规模纳税起征点提高到 10 万元，允许企业在 50% 的税额幅度内减征资源税等"六税两附加"。这些税收优惠政策清晰、公平，覆盖战略性新兴产业内所有符合条件的公司和科研人员。

此外，税收优惠政策相比政府补贴而言，更能够提高创新要素贡献率。[①] 例如，科研奖励的个人所得税减免能够激励科研人员的创新积极性；加速折旧的政策能够激发公司投资创新设备的热情。税收优惠还可以针对特定领域设计不同的具体政策，比如，针对新技术研发、创新成果转化、创新产品出口等环节设计细分税收优惠政策，不仅有利于产业创新，而且能够带动上下游相关产业的发展。因此，实证结果显示，税收优惠政策能够增大公司的研发强度，进而提高产业的创新能力。

财政补贴偏重于"精准"扶持，不仅产业间获得的补贴数额不同，同一产业内不同公司所获得的政府补贴金额也各不相同。

以获得政府补贴最多的新能源汽车产业为例，政府补贴差异见表 3-7，近四年获得政府补贴最多的 6 家公司分别为上汽集团（488 亿元）、长安汽车（183 亿元）、江淮汽车（149 亿元）、

[①]　杨姗：《财政补贴、税收优惠对战略性新兴产业创新活动的影响研究》，硕士学位论文，安徽财经大学，2017。

比亚迪（124 亿元）、华域汽车（68 亿元）和福田汽车（39 亿元）。另有 9 家样本公司获得的政府补贴总额为 11 亿~24 亿元，其余 29 家公司获得的补贴数额皆在 10 亿元以下。2020 年，新能源汽车产业获得的政府补贴有所减少，但一些企业获得的政府补贴仍在 10 亿元以上，例如，长安汽车获得政府补贴 13.59 亿元，比亚迪获得政府补贴 16.95 亿元，江淮汽车获得政府补贴 10.96 亿元。可见财政补贴措施是以点代面，更具指向性和时效性。

表 3-7 新能源汽车产业内政府补贴差异

单位：亿元

企业	政府补贴	企业	政府补贴	企业	政府补贴	企业	政府补贴
福田汽车	39.03	江淮汽车	149.02	科陆电子	11.76	三花智控	6.78
比亚迪	123.99	力帆股份	3.04	银河电子	1.76	江苏国泰	2.79
江特电机	4.17	亚星客车	0.21	英威腾	3.76	利欧股份	20.37
万向钱潮	5.14	华域汽车	68.13	科力远	14.02	拓邦股份	1.25
金龙汽车	12.06	大洋电机	15.95	方正电机	0.82	韶能股份	5.79
中通客车	8.82	动力源	1.51	积成电子	3.20	深圳华强	1.32
长安汽车	183.43	亨通光电	12.86	中钢天源	1.19	一汽轿车	5.05
宇通汽车	22.31	科士达	2.57	万马股份	1.29	中信国安	6.02
江铃汽车	23.26	奥特佳	4.87	中鼎股份	8.39	双环传动	5.23
东风汽车	18.59	海印股份	5.53	德赛电池	0.31	上汽集团	488.00
众泰汽车	3.59	曙光股份	5.22	奥特迅	1.60	特种电机	1.04

资料来源：根据 44 家样本公司 2016~2019 年年报数据整理所得（表中数值为四年加总值）。

但是，财政补贴弹性较差，往往会造成效率低下和挤出效应，还可能会引发公司的"骗补"行为和官员的滥用职权行为，弱化了政府政策的信号效应。并且，财政补贴很少具有连贯性，往往以项目为平台进行资金发放，不能形成支持科研创新的长效机制。因此，实证结果显示，财政补贴政策对产业创新能力不具有正向激励作用。

值得指出的是，税收优惠政策的缺点也很突出。其一，税收优惠政策设定了量化指标，将一部分弱势公司排除在外，可能在科研领域造成"强者愈强、弱者愈弱"的格局；其二，门槛限定的硬性要求会造成消极"风向标"作用，使得部分公司将精力投向资质认定方面，而非科研创新；其三，目前税收优惠政策措施单一，加速折旧、盈亏补抵和提取准备金等方式较少使用。

三　财政资金使用效率缺乏预估和考核机制

财政资金的有限性与新兴产业发展的持续性要求提高财政资金的使用效率，从目前战略性新兴产业的财政资金使用情况来看，效率并不高。

理论上，财政资金扶持产业成长后可以逐步减少投入甚至退出，而在战略性新兴产业的资助方面，财政资金却显示出一定的"惯性"。从产能上看，新能源汽车产业规模较大，2021年1~6月，我国新能源汽车产销分别达到了121.5万辆和120.6万辆，同比均增长2倍①，已成为新能源汽车产业发展最快、产量最高的国家。此外，新能源汽车产业链基本完备，2018年我国新能源汽车动力电池装机总电量约为56.98吉瓦时，成为全

---

① 《工信部：今年中国新能源汽车产销量预计达200万辆》，"中国新闻网"百家号，2021年7月16日，https://baijiahao.baidu.com/s？id=17054291002685 29991&wfr=spider&for=pc。

球最大的动力电池生产国。在核心技术研发方面，我国也达到了国际领先水平。新能源产业已显产能过剩端倪。2018 年，我国风电新增装机量和累计装机规模连续 6 年位居全球第一。光伏产业产量占据世界多半份额，见表 3-8。根据国家能源局发布的 2018 年全国电力工业统计数据，全口径并网太阳能发电装机累计达 17463 万千瓦，同比增长 33.9%。[1] 在高端装备产业的总体竞争力方面，我国于 2017 年就已经超越德国和英国，成为全球前 3，在卫星研制与发射能力、高档数控机床等领域已经达到国际主流水平。[2] 然而，从表 3-6 可知，税收优惠和政府补贴至今仍主要向新能源汽车产业、新能源产业和高端装备产业倾斜。

表 3-8　2018 年各种太阳能光伏产品的产量及份额

类别	世界	中国	中国占比（%）
多晶硅（万吨）	44.79	25.89	57.80
硅片（吉瓦）	121.90	109.20	89.58
电池（吉瓦）	120.20	87.20	72.55
组件（吉瓦）	119.00	85.70	72.02

资料来源：中国工程科技发展战略研究院《2020 中国战略性新兴产业发展报告》，科学出版社，2019，第 159 页。

再分析财政资金投向与研发情况。从样本公司的年报数据来看，获得财政资金最少的产业是新一代信息技术产业，但是，新一代信息技术产业是战略性新兴产业中研发强度最大的产业

---

[1]　《能源局：2018 年太阳能发电新增装机约 4421 万千瓦》，搜狐网，2019 年 1 月 18 日，https://www.sohu.com/a/289946740_418320。

[2]　中国工程科技发展战略研究院：《2020 中国战略性新兴产业发展报告》，科学出版社，2019，第 49、77、158、171~172、175 页。

（见图 3-1）。不可否认的是，物联网、互联网、云计算、大数据和 AI 等已经成为经济社会中不可或缺的重要组成部分，为经济发展带来了新一轮技术红利。2020 年，我国云计算整体市场规模达到 1781.8 亿元，同比增长 33.6%；大数据产业规模达到 718.7 亿元，同比增长 16.0%；人工智能产业规模为 3031 亿元，同比增长 15%；物联网产业迅猛发展，产业规模突破 1.7 万亿元，预计到 2022 年，产业规模将超过 2 万亿元。[1] 然而，与之形成鲜明对比的是，这些领域所获得的税收优惠和财政补贴金额却并不多。

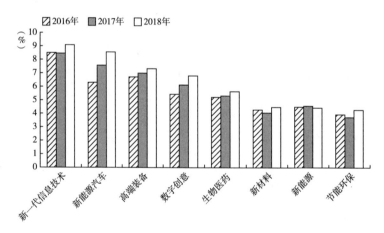

图 3-1　战略性新兴产业研发强度对比

资料来源：中国工程科技发展战略研究院《2020 中国战略性新兴产业发展报告》，科学出版社，2019，第 11 页。

---

[1]《报告显示 2020 年我国新一代信息技术各领域同比增势明显》，电子信息产业网，2021 年 7 月 13 日，http://www.cena.com.cn/ia/20210713/112475.html。

　　由此可见，财政资金的投向缺乏预估和考核机制，直接导致了财政资金的错配和低效率，在战略性新兴产业中造成了部分产业投资过剩和资金缺乏并存的现象，制约了产业技术创新能力的提高。

第四章

科技信贷支持战略性
新兴产业发展分析

　　根据 Myers 和 Majluf 提出的新优序融资理论①，当企业缺乏资金时，应当将内源融资放在第一位考虑，因为内源融资不会稀释股权，更不会有财务杠杆的风险。如果自有资金不充足，外部融资应遵循"先债务后权益"的顺序。权衡理论也从成本收益的视角支持"先债务后权益"的观点。债权融资是战略性新兴产业最主要的资金来源渠道，在所有融资模式中，债权融资占比高达八成。这不仅是因为我国金融体系是以银行体系为主导，还有一个重要的原因就是战略性新兴产业发展的原动力是研发与创新，

---

① Stewart C. Myers, Nicholas S. Majluf, "Corporate Financing and Investment Decisions When Firms Have Information That Investors Do Not Have," *Journal of Financial Economics* 13 (1984): 187-221.

而科技信贷正好满足了战略性新兴产业发展的需求。但是，在实际操作领域，战略性新兴产业的资金需求与科技信贷的供给尚不能很好地匹配，主要原因是资金供求双方的博弈并未达到均衡状态。本章以科技信贷与战略性新兴产业的博弈为研究主线，探寻科技信贷支持战略性新兴产业的优化路径。

第一节　战略性新兴产业信贷融资现状分析

一　供求总量失衡

战略性新兴产业的"风险性"特征与银行体系的"稳健性"经营原则相悖，导致其获得信贷资金较为困难。近年来，银行资本受政府政策影响，逐渐向战略性新兴产业倾斜，但是从总量上看，信贷资金供给仍然不能与新兴产业发展需求相匹配。

以我国国有四大商业银行为例，中国工商银行在 2020 年从"融资"和"融智"两方面加大了对实体经济的支持力度，2020年末，普惠型小微企业贷款 7452.27 亿元，比年初增加 2737.06 亿元，增长 58.0%。中国工商银行不断提升投资银行业务服务实体经济的能力，以投贷联动、商投互动新模式，加大对战略性新兴产业的支持力度。中国工商银行借助信息技术开展"千名专家进小微"项目，为新兴企业提供专家咨询、决策培训等智力支持。同时，启动"万家小微成长计划"，在战略性新兴产业中筛选出 1 万家优质企业精准扶持，推动领军企业崛起和产业升级，并创新融资模式，成功办理了市场首单票据经纪业务。[①] 中国建设银行 2020 年战略性新兴产业贷款余额 6155.20 亿元，较上年增加 819.69 亿元，增幅 15.36%。在投资银行业务方面，中国建设银行完成了 243.45 亿元战略性新兴产业基金募资和 200 亿元创新创业金融债发行。中国建设银行还推出了孵化云贷、科技验收贷等双创系列产品支持新兴产业发展。[②] 中国银行围绕国家重点支持的高新技术领域，制定并持续完善内部政策，针对电子信息技术、生物医药、新材料、新能源等行业出台信贷政策，引导全行提升信贷投放精准化水平，支持优质科技企业发展。此外，中国银行聚焦长三角、粤港澳大湾区等科技企业集群地区，设立面向科技企业的股权投资基金，积极为中小型科技企业提供"投贷联动"服务与支持；发起设立"上海长三角中银资本股权投资基金"，目标总规模 300 亿元，首期 50 亿元，主要投向新一代信息技术、生物医药等战略性新兴产业。[③] 中国农业银行持续优化信贷结构，战略性新兴产业贷款实现较快增长。中国农业银行积极服务经济新旧动能转换，出台科创企业金融服务方案，开展服务科创企业试点，科创企业贷款增速超过 20%。此外，中国农业银行大力支持新经济新动能，加强新经济重点客户、"独角兽"和科创企业的金融服务，战略性新兴产业贷款较上年末增加 1108.53 亿。中国农业银行将发展绿色信贷业务作为履行社会责

---

① 《中国工商银行股份有限公司 2020 年度报告》，第 39 页，http：//v. icbc. com. cn/userfiles/Resources/ICBCLTD/download/2021/2020ndbgA20210326. pdf。

② 《中国建设银行股份有限公司 2020 年年度报告》，第 44～49 页，http：//www. ccb. com/cn/investor/notice/20210326_1616773938/20210326234936057899. pdf。

③ 《中国银行股份有限公司 2020 年年度报告》，第 34 页，https：//www. boc. cn/investor/ir3/202103/t20210330_19212227. html。

任、服务实体经济和调整信贷结构的重要着力点，截至 2020 年末，绿色信贷业务贷款余额15149 亿元，比上年增长 27.20%，县域绿色信贷余额 5456 亿元，比上年末增加 1044 亿元。中国农业银行引导信贷资金流向节能环保、清洁生产、清洁能源、生态环境、基础设施绿色升级和绿色服务等绿色产业，并积极推进绿色资产证券化、绿色债券、绿色银团贷款、绿色并购等新型融资方式，为企业提供融资逾 900 亿元。[①]

然而，受"稳健经营"政策制约，四大国有商业银行对战略性新兴产业的支持力度整体上比较有限。从 2020 年银行贷款投向结构来看，四大国有商业银行的贷款行业还是以传统行业为主。从图 4-1 可以看出，中国工商银行的贷款主要投向交通运输、仓储和邮政业，制造业，租赁和商务服务业，水利、环境和公共设施管理业，电力、热力、燃气及水生产和供应业，战略性新兴产业的贷款较少。

中国建设银行的贷款主要投向交通运输、仓储和邮政业，制造业，租赁和商务服务业，能源业，房地产业，明确涉及战略性新兴产业的贷款明细只有"信息传输、软件和信息技术服务业"，金额为 724 亿元，占比 0.48%。[②] 中国银行贷款投向结构与中国建设银行相似，其中，前十大单一借款人中，五位属于交通运输、仓储和邮政业，两位属于租赁和商务服务业，其余三位分别属于

---

① 《中国农业银行股份有限公司 2020 年度报告》，第 53~75 页，http：//www. abchina. com/cn/AboutABC/investor_relations/announcements/a-announcement/202103/t20210330_1978184. htm。

② 《中国建设银行股份有限公司 2019 年年度报告》，第 40、55 页，http：//www. ccb. com/cn/investor/20200329_1585474539/20200330202651881643. pdf。

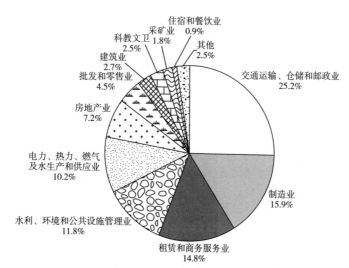

图 4-1　2020 年中国工商银行境内公司贷款行业结构

资料来源：《中国工商银行股份有限公司 2020 年度报告》，第 39 页，http：//
v. icbc. com. cn/userfiles/Resources/ICBCLTD/download/2021/2020ndbgA20210326. pdf。

制造业，房地产业，电力、热力、燃气及水生产和供应业。

截至 2020 年 12 月 31 日，中国农业银行五大主要贷款行业
包括交通运输、仓储和邮政业，制造业，租赁和商务服务业，
电力、热力、燃气及水生产和供应业，房地产业。五大行业贷
款余额合计占公司类贷款总额的 75.8%，较上年末下降 0.6 个
百分点。在 2020 年年报中，明确涉及战略性新兴产业的贷款明
细只有"信息传输、软件和信息技术服务业"，贷款金额为 387
亿元，占比 0.5%。[1]

---

[1]　《中国农业银行股份有限公司 2020 年度报告》，第 32 页，http：//www.
abchina. com/cn/AboutABC/investor _ relations/announcements/a-announcement/
202103/t20210330_1978184. htm。

二 产业间结构失衡

为实证研究战略性新兴产业信贷融资问题，本章选取了战略性新兴产业中的 300 家上市公司作为样本，其中，生物医药产业中的公司 42 家，新材料产业中的公司 43 家，新能源产业中的公司 38 家，新能源汽车产业中的公司 45 家，高端装备产业中的公司 42 家，节能环保产业中的公司 44 家，新一代信息技术产业中的公司 46 家。分析样本公司的年报数据可知，在战略性新兴产业内部，银行信贷投向也存在不同偏好。

从图 4-2 可以直观地看出，银行体系偏向于支持新能源产业、高端装备产业和新能源汽车产业。而生物医药产业、新材料产业和新一代信息技术产业获得的银行信贷很少。

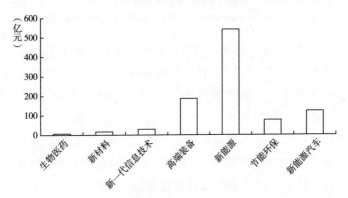

图 4-2　战略性新兴产业获得贷款均值

注：图中数据由产业中样本企业获得银行贷款金额加总，再除以样本企业个数所得。

资料来源：300 家样本企业年报。

以获得信贷资金最多的新能源产业和获得信贷资金最少的生物医药产业为例，研究银行信贷结构，结果见图4-3。

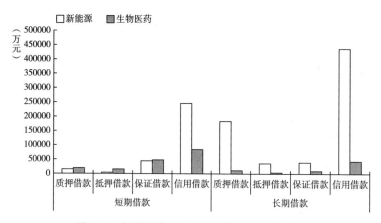

图4-3　新能源产业和生物医药产业信贷结构

注：图中数据由产业中样本企业获得各类银行贷款金额分别加总，再除以样本企业个数所得。

资料来源：300家样本企业年报。

新能源产业和生物医药产业中样本企业的长短期贷款几乎全部来源于银行体系，从信贷结构上看，无论是短期借款还是长期借款都包括质押借款、抵押借款、保证借款和信用借款四类。在短期借款中，新能源产业和生物医药产业的信用借款金额都远远大于其他类型的借款，质押借款和抵押借款的数量都非常少。在长期借款中，生物医药产业的各类借款金额都较少，而新能源产业的信用借款和质押借款的金额都较为可观。

再以获得银行信贷数量最多的新能源产业为例分析具体的
样本企业，结果见图 4-4。可以看出，企业获得的长期借款总额
与期末总资产呈现同步变化趋势，而企业获得的短期借款总额
的折线图则与净利润的曲线吻合，说明银行在信贷审核过程中
偏向于大型企业，并且以企业的规模和盈利能力为重要的参考
指标。

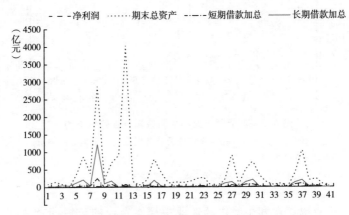

图 4-4　新能源产业中样本企业规模与信贷金额

注：横轴指 38 家样本企业。

资料来源：新能源产业中 38 家样本企业年报。

综上可知，银行信贷偏向于成熟产业和大型企业，对于处
于初创期的产业更倾向于发放短期贷款，银行信贷的投放归根
结底是银企博弈，信息不对称问题是影响博弈结果的重要因素，
而最终的信贷融资决定究竟取决于哪些因素还需要实证研究进
一步明确。

三 信贷期限结构错配

由于商业银行在经济体系中的主导地位，间接融资一直是我国企业融资的首选方式，就本章随机抽选的 300 家战略性新兴企业而言，几乎所有的企业在 2015~2020 年都有债权融资。以 2020 年为例，300 家样本企业中，借款金额超过 50 亿元的企业有 46 家，借款金额超过 100 亿元的企业有 25 家，可见商业银行贷款仍然是战略性新兴产业的主要融资来源（见表4-1）。

从借款的类型上看，以短期借款为主，随机抽取 20 家企业进行分析，在 2021 年资产负债表附注中，20 家企业全部有短期借款，并且金额大多大于 1 亿元。例如，协鑫能科 2020 年短期借款总额为 27.41 亿元，包括质押借款、抵押借款、保证借款和信用借款等类型；京能电力 2020 年短期借款总额为 52.64 亿元，全部为信用借款；金风科技 2020 年短期借款总额为 26.41亿元，主要是质押借款和信用借款；振华重工 2020 年短期借款总额为 177.95 亿元，主要是保证借款和信用借款；中化国际2020 年短期借款总额为 46.14 亿元，主要包括质押借款、抵押借款、保证借款、信用借款、委托贷款和押汇借款。

从数据上看，300 家样本企业债权融资的总额明显高于股权融资和自有资本。从经济学理论来看，战略性新兴产业的融资结构契合了权衡理论的相关内容，也部分满足新优序融资理论。但是，从实际操作层面来看，股权融资虽然没有税盾效应，但是能减少破产成本，可以在更广泛的领域内为企业筹集资金，

表4-1 2020年债权融资超过50亿元的企业

单位：亿元

产业	企业	短期借款	长期借款	总额	产业	企业	短期借款	长期借款	总额
新能源	协鑫能科	27.41	55.20	82.61	节能环保	中原环保	11.65	40.22	51.87
	太阳能	14.02	178.82	192.84		城投控股	89.10	44.00	133.10
	京能电力	52.64	237.73	290.36		启迪环境	48.64	70.50	119.14
	华能国际	663.11	1120.77	1783.89		节能风电	1.69	164.88	166.57
	金风科技	26.41	180.38	206.79		高能环境	15.17	35.85	51.02
	杉杉股份	25.97	26.73	52.70		铁汉生态	73.84	57.66	131.50
	东华能源	88.22	43.15	131.37		格林美	66.43	9.11	75.55
	特变电工	42.99	207.54	250.53		东方园林	42.83	75.04	117.87
	粤电力A	76.22	189.99	266.21		碧水源	42.12	169.05	211.17
	穗恒运A	41.11	11.62	52.72	生物医药	科伦药业	42.61	31.85	74.46
	吉电股份	95.49	226.25	321.73		人福医药	72.82	34.85	107.67
	永泰能源	46.16	197.26	243.42		复星医药	79.16	71.46	150.62
高端装备	振华重工	177.95	168.50	346.45		海王生物	140.92	1.61	142.52
	中联重科	29.58	29.27	58.86	新能源汽车	福田汽车	20.67	43.56	64.22
	广西柳工	66.99	1.56	68.55		比亚迪	13.00	58.60	71.60
	中国船舶	73.00	40.80	113.80		上汽集团	236.29	236.08	472.37
	中国一重	35.29	67.35	102.64		众泰汽车	53.36	0.86	54.22
	隧道股份	75.50	198.75	274.25		江淮汽车	21.02	48.58	69.60
	太原重工	77.83	11.80	89.62		华域汽车	60.94	27.26	88.20
	徐工机械	23.14	36.45	59.59		亨通光电	75.19	18.51	93.69
	中化国际	46.14	26.98	73.11		韶能股份	9.14	42.60	51.75
新材料	鲁西化工	82.73	1.90	84.63	信息技术	厦门信达	42.68	24.80	67.48
	中环股份	16.92	92.26	109.18		同方股份	74.27	43.90	118.17

资料来源：各企业2020年年报。

构建现代企业制度，世界 500 强的大型企业几乎都是以股权融资方式成长壮大的。并且，战略性新兴产业债权融资结构也不尽合理，短期借款占比虽略有下降，但仍有将近一半的比例，长期借款占比则增长缓慢，债券融资占比一直较低且没有明显增长态势（见图 4-5）。这主要是因为商业银行体系在我国经济中占据了主导地位，银行贷款一直是企业的主要资金来源，而资本市场的不发达也阻碍了直接融资的发展。

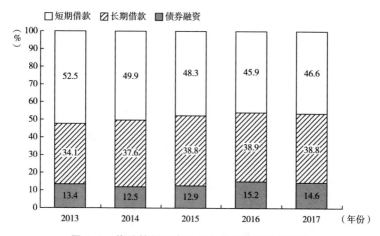

图 4-5　战略性新兴产业上市公司债权融资结构

资料来源：《2017 年战略性新兴产业上市公司发展报告》，5 度易链网，2018 年 12 月 6 日，http://www.wdsk.net/article/699.html。

四　金融创新不足

金融创新不足是融资制度不健全的衍生。就间接融资而言，针对战略性新兴产业的融资需求，各银行已经有所创新。中国建设银行开发的"翱翔金融计划"、中国农业银行开发的"科技园小企业贷款计划"、浦发银行开发的"科技金融 a 模式"、招商银行开发的"千鹰展翼搏击长空"以及中国工商银行研发的"未来星"等金融产品都为战略性新兴产业的发展提供了多样化的融资机会。① 2019 年，中国建设银行利用与政府机构、知名创投、核心企业、高校科研院所、孵化器机构等平台合作的优势，着力将"创业者港湾"打造为"平台中的平台"，以金融为基，聚焦 5G、人工智能、网络空间科学与技术、生命信息与生物医药等国家战略性新兴产业，构建涵盖"线上+线下"的综合孵化生态。② 2020 年在服务科创制造业企业方面，中国工商银行开发了科创企业专属评级授信模型，充分考虑科创企业高成长的特点，不断提升高技术新动能企业评级授信的适用性和可得性。③ 招商银行依托"科技类投融资产品"和"生态圈资本市场服务"，推出"千鹰展翼"计划，为创新成长型企业打造全成长周期的一站式金融服务体系，2020 年服务的企业数量已经超过 3 万家，提供授信支持超过 3000 亿元，累计培育 480 家

---

① 安同信、刘祥霞：《破解中国科技型中小企业融资难问题的路径研究——基于日本经验的借鉴》，《理论学刊》2015 年第 10 期，第 52~61 页。

② 《以新金融力量助力科创中小企业发展——建设银行在深发布"创业者港湾"品牌》，中国建设银行官网，2019 年 9 月 24 日，http://group2. ccb. com/cn/ccbtoday/newsv3/20190924_1569308061. html。

③ 《工商银行全方位助推制造业高质量发展》，中国工商银行官网，2021 年 1 月 13 日，http://www. icbc. com. cn/icbc/%e5%b7%a5%e8%a1%8c%e9%a3%8e%e8%b2%8c/%e5%b7%a5%e8%a1%8c%e5%bf%ab%e8%ae%af/e5%b7%a5%e5%95%86%e9%93%b6%e8%a1%8c%e5%85%a8%e6%96%b9%e4%bd%8d%e5%8a%a9%e6%8e%a8%e5%88%b6%e9%80%a0%e4%b8%9a%e9%ab%98%e8%b4%a8%e9%87%8f%e5%8f%91%e5%b1%95. htm。

企业在 A 股成功上市。①　随着信息技术的发展，互联网金融也为战略性新兴产业提供了新的融资渠道，各大商业银行纷纷推出"E 贷"金融，P2P 网络借贷平台也有了一定的发展。在资本市场层面，2016 年，新三板划分为基础层和创新层，优化市场结构；2019 年 7 月，科创板开市交易，增强市场流动性，中小板和创业板的融资能力也在不断增强。

但是，需要指出的是，这些创新的力度、深度和广度都有所不足。首先，现有的创新相对零散，没有"由点及面"地进行拓展和推广，只是就某个项目或者某个产业进行的一次创新安排；其次，由于全国性的信息平台尚未搭建，信息不对称导致的资源错配、重复投资等情况时有发生，使得金融创新整体上呈现出区域化、部门化、短期化的特征；最后，基于安全性原则的考虑，商业银行的科技贷款也多投向发展比较成熟的企业，且银行间产品同质化现象较为严重，创新能力和创新动力严重不足。其他非银行金融机构受限于人才和资金方面的不足，更倾向于复制大型商业银行的产品，对战略性新兴产业的支持力度和效率低下。

资本市场中转板和退市制度的不健全、场外市场的不规范发展使得"多层次"的优点并没有显现出来，战略性新兴产业中绝大多数的中小企业依然只能将间接融资作为融资首选，投融资渠道不畅导致大量社会资本、基金和其他可用资金闲置，

---

① 《聚焦长三角区域 云签约 50 亿元专项额度！》，招商银行官网，http://www.cmbchina.com/cmbinfo/news/newsinfo.aspx? guid = f20d851e - c2c1 - 4f31 - acc4 - 241c85b348c9。

社会总的资金使用效率低下。资本市场金融产品种类较少，金融衍生品、融资租赁、资产证券化等融资产品和融资模式缺失或是推广缓慢，导致战略性新兴产业融资方式可选范围较窄。此外，我国 VC 市场发展尚不完善，据统计，在我国 4000 多万家企业中，被 VC/PE 投资过的有 4 万家左右，仅占 1‰。而美国近 1400 万家企业中被 VC/PE 投资过的约有 70 万家，占比为 5‰。①

金融创新不足从根本上来说是因为制度保障缺失、金融中介机构缺位和金融复合型人才缺乏，法律法规不健全使得金融创新成为无本之木、无源之水，创新的边界和成果无从规范和认可，大大削弱了创新动力；评级机构、投融资咨询机构和融资担保机构的缺位使得资本市场形单影只，融资体系很"骨感"；金融复合型人才数量不足以支撑金融创新发展，创新理念和创新原动力不足。

第二节　战略性新兴产业信贷融资影响因素实证分析

战略性新兴产业的信贷融资主要与政府、银行和企业三方相关，政府的政策倾斜会引导银行体系资金投向战略性新兴产业，但是，银行体系最终的贷款决策主要取决于企业本身的实力和发展潜力。因此，本部分实证研究统筹分析政府、银行和企业三方行为，主要考察影响银行信贷决策的政府和企业相关

---

① 辜胜阻、庄芹芹：《资本市场功能视角下的企业创新发展研究》，《中国软科学》2016 年第 11 期，第 4~13 页。

因素。

一　样本选择

样本公司选择条件：（1）隶属于战略性新兴产业；（2）上市公司，至少连续公布 3 年年报；（3）非 ST 和 *ST 公司；（4）平衡样本公司的省份分布。

最终选定 300 家已上市的战略性新兴产业公司作为实证研究样本，实证所用数据全部来源于 300 家上市公司官网公布的 2016～2019 年 A 股年报。

二　变量设定

本章选择信贷融资作为被解释变量，考察影响战略性新兴产业信贷融资的主要因素。促进战略性新兴产业发展的相关政策的发布能够表明政府扶持产业的态度，但是，政府资金的注入更能夯实政府产业布局的意图，因此，选择样本公司获得的"财政补贴"和"税收优惠"作为解释变量。另外，公司自身的实力和潜力是银行最终决定贷款的"定心丸"，战略性新兴产业属于高新技术产业，盈利能力和研发实力是衡量公司优劣的主要指标，因此，选择"创新潜力"和"研发强度"代表样本公司的发展潜力，选择"盈利能力"代表公司当前的实力。最后，选择"公司规模"和"股权集中度"作为控制变量。变量定义见表 4-2。

表 4-2　变量定义

变量类型	变量名称	变量符号	定义
被解释变量	信贷融资	DK	银行贷款/总资产×100%
解释变量	创新潜力	PY	研发人员数量/职工总数×100%
	研发强度	CY	研发费用/主营业务收入×100%
	盈利能力	YL	年度净利润/总资产×100%
	财政补贴	BT	财政补贴/主营业务收入×100%
	税收优惠	TA	税收优惠/主营业务收入×100%
控制变量	公司规模	SZ	公司年度总资产自然对数
	股权集中度	GQ	公司前五大股东持股比例

资料来源：笔者自行整理。

实证研究模型选择固定效应模型，具体如下：

$$DK_{i,y} = \beta_0 + \beta_1 PY_{i,y} + \beta_2 CY_{i,y} + \beta_3 BT_{i,y} + \beta_4 TA_{i,y} +$$
$$\beta_5 SZ_{i,y} + \beta_6 GQ_{i,y} + \beta_7 YL_{i,y} + \varepsilon_{i,y} \qquad (4-1)$$

其中，i 代表样本公司，y 代表年份，β_0 代表常数项，$\varepsilon_{i,y}$ 代表随机误差。

将样本公司的面板数据代入 Stata 14 计量软件，可得变量分析结果如表 4-3 所示。

表 4-3　变量分析结果

变量	平均值	标准差	最小值	最大值	观测值
DK	0.1209871	0.1250177	0	0.6608	1200
PY	0.2514833	0.2318651	0	2.89	1200
CY	0.1166417	0.4499904	0	6.14	1200

续表

变量	平均值	标准差	最小值	最大值	观测值
BT	13.43389	94.52537	0	2252.96	1200
TA	7.888683	45.33194	0	1025.73	1200
SZ	5.839875	0.5612192	4.07	7.89	1200
GQ	49.67068	14.38785	0	95.98	1200
YL	0.0346583	0.0666802	-0.78	0.48	1200

资料来源：由 Stata 14 计量软件直接导出。

三 实证分析

将 300 家样本公司的面板数据代入式（4-1），用 Stata 14 计量软件进行实证分析，可以得到实证结果如表 4-4 所示。

表 4-4 实证结果

变量	系数	标准差	t	P>｜t｜	95%置信区间	
					下限	上限
PY	0.0009517	0.0183802	0.05	0.959	-0.0351216	0.0370251
CY	0.0008213	0.0084648	0.1	0.923	-0.0157918	0.0174345
BT	-0.0000441	0.0000351	-1.26	0.209	-0.0001131	0.0000248
TA	0.000059	0.0001078	0.55	0.584	-0.0001526	0.0002705
SZ	0.0403244	0.0114782	3.51	0.000	0.017797	0.0628519
GQ	0.0001874	0.0003931	0.48	0.634	-0.000584	0.0009589
YL	0.1285093	0.029624	4.34	0.000	-0.1866501	-0.0703685
常数项	-0.1195649	0.0714547	-1.67	0.095	-0.2598036	0.0206739

资料来源：由 Stata 14 计量软件直接导出。

由表 4-4 系数和 P>｜t｜值可知，公司规模 *SZ* 与公司盈利能力 *YL* 与被解释变量 *DK* 显著正相关，而其他变量与被解释变量不相关。实证结果与战略性新兴产业信贷融资现状吻合，并印证了银行体系对战略性新兴产业的信贷决策取决于公司自身实力（盈利能力和公司规模）的结论。这也从侧面说明目前我国科技信贷的资本对提高战略性新兴产业的创新潜力和研发强度并未起到应有的作用，所以被解释变量信贷融资 *DK* 与解释变量创新潜力 *PY*、研发强度 *CY* 不相关。

四　稳健性检验

改变指标体系中的变量计算方式，重新设定为：财政补贴 *BT* = 样本公司年度财政补贴金额取对数；税收优惠 *TA* = 样本公司年度税收优惠金额取对数；将盈利能力替换为销售收入增长率；创新潜力 *PY* = 专利数量/销售收入；股权集中度取值改为公司前十大股东持股比例。将其再次代入模型经过 Stata 14 软件分析，所得结果与以上研究结论相同，因此，本章实证研究具有稳健性。

第三节　战略性新兴产业信贷
融资中的各方博弈

由实证结果可知，政府行为只是银行体系行为的"风向标"，而并非决定因素，在战略性新兴产业信贷融资中主要是银行与企业之间的博弈。但是，政府行为会在一定程度上影响银行与企业的收益和预期，进而影响博弈结果。本章拟基于"海萨尼转换"博弈模型，探讨在政府"先行动"条件下，银行和企业博弈策略的最优解。

在战略性新兴产业信贷融资博弈中，政府的出发点是提高产业核心竞争力，促进产业升级，淘汰落后产能，进而增加利税收入、稳定就业，提升综合国力。为此，政府需要付出的成本包括建立征信体系、财政补贴企业、兜底银行信贷、构建监督机制等的成本。因为产业升级和经济发展势在必行，所以政府不会量化对比成本收益，一定会采取相应措施拓展战略性新兴产业融资渠道，扶持产业成长。

商业银行是营利性机构，银行体系贷款的目的是获取利息收益，并尽可能规避风险，理论上来说，商业银行的贷款收益是无风险利率加上风险溢价。银行的成本除了信息搜寻成本、管理贷款成本之外，最主要的是违约成本也即沉默成本。如果没有外部保障或补偿措施，银行体系对于高风险的新兴产业的最优选择是不贷款。企业的直接收益是获得贷款，间接收益是更改贷款使用方向进而获取其他盈利机会，企业的成本仅仅是利息。因此，企业有动力争取贷款，根据信息不对称理论，企业的发展潜力与争取贷款的动力呈显著负相关关系。

为更好地进行博弈分析，设立以下假设条件：（1）政府干预战略性新兴产业的信贷市场；（2）政府首先行动；（3）政府采用四种干预方式——给予政府补贴、建立风险缓释机制、建立信息平台、进行违约惩罚；（4）商业银行和新兴企业为理性人，追求收益最大化；（5）战略性新兴产业企业的贷款全部来源于银行体系。基于假设条件，下文将分四种情况进行博弈分析。

一 政府给予战略性新兴企业补贴/贴息

根据假设条件政府干预战略性新兴产业的信贷市场且首先行动，可以用"海萨尼转换"来解释政府、银行与企业之间的博弈。"海萨尼转换"的主要特征是引入虚拟参与人——"自然"，将不完全信息博弈转换成两阶段动态博弈，进而可以用完全信息博弈的方法进行研究。本节用"政府"替代"自然"，假定政府首先行动，决定是否给予企业补贴，商业银行进而选择"发放贷款"或者"不贷款"，同时，企业选择"守信"或者"违约"。

假定无风险利率为 r，无政府补贴时贷款的风险溢价为 F，有政府补贴时贷款的风险溢价为 $F-u$，借鉴李志浩等的研究假设[1]，设 W 为企业自有资金，L 为企业贷款金额，企业能够获得所在行业平均收益率为 B，则在无政府补贴情况下，如果企业守信，则银行的期望收益 $=L(r+F)$，企业的期望收益 $=WB+L(B-r-F)$。如果企业选择违约，则银行的期望收益 $=-L(1+r)$，企业的期望收益 $=WB+L(B+r+F)$。

如果政府给予企业补贴或者贴息，则企业选择守信时，银行的期望收益 $=L(r+F)$，企业的期望收益 $=WB+L(B-r-F+u)$。如果企业选择违约，则银行的期望收益 $=-L(1+r)$，企业的期望收益 $=WB+L(B+r+F+u)$。如果银行选择不贷款，则无论有无政府补贴，银行和企业的期望收益都是 0，见图 4-6。

---

[1] 李志浩、刘昭、裴亚辉等：《供给侧结构性改革下中小企业融资问题研究——基于非完全信息静态博弈视角》，《金融理论与实践》2018 年第 4 期，第 71~75 页。

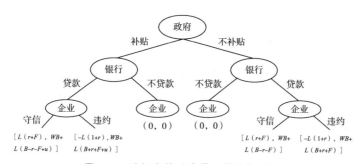

图 4-6　政银企的"海萨尼转换"博弈

资料来源：笔者自行设计。

由图 4-6 可以很直观地看出，无论政府是否补贴，"违约"都是企业的最优策略，而对于银行体系来说，贷款给战略性新兴企业并不是最优选择。

二　政府为银行体系建立风险缓释机制

政府为银行体系建立风险缓释机制，主要指的是政府以"兜底"的形式对银行体系的战略性新兴产业贷款进行一定比例的担保，增强银行贷款的信心，提高银行资金的使用效率。假定在建立风险缓释机制之后，政府能够为新兴产业信贷资金提供 10% 的风险担保，继续沿用以上假设条件。

当无风险缓释机制时，银行和企业的期望收益与无政府补贴时的情况相同。银行选择贷款时，如果企业守信，则银行的期望收益 $=L(r+F)$，企业的期望收益 $=WB+L(B-r-F)$；如果企业选择违约，则银行的期望收益 $=-L(1+r)$，企业的期望收益 $=WB+L(B+r+F)$。

当存在 10% 的风险缓释机制之后，银行选择贷款时，如果企业守信，则银行的期望收益 = L（$r+F$），企业的期望收益 = $WB+L$（$B-r-F$）；如果企业选择违约，则银行的期望收益 = $-L$（$1+r$）×90%，企业的期望收益 = $WB+L$（$B+r+F$）。

可以看出，政府建立风险缓释机制对于企业行为并没有任何影响，但是，能够减少银行体系的潜在损失，在一定程度上鼓励银行资金向战略性新兴产业倾斜。

三　政府为银行体系建立信息平台

战略性新兴产业同时具备科技性和新兴性特征，新兴性特征造成了信息统计滞后和缺失，而科技性特征使得大量技术涉密文件难以公开，因此，信息不对称问题是战略性新兴产业融资难的主要原因。

当无信息平台时，银行和企业的期望收益与无政府补贴时的情况相同。当政府搭建信息平台之后，银行体系能够参照平台的信息来安排贷款计划，而企业则有两种选择：一是不公开信息，进而获得银行贷款的概率减小，而对于中小企业而言，通过股权融资、风险资本和其他借贷途径获得资金的概率更小；二是公开信息，进而增加获得银行贷款的可能性。根据逆向选择原理，愿意公开信息的企业一般经营状况较好，而不愿意公开信息的企业除了出于技术保密考虑之外，大概率是经营状况欠佳的企业，那么，根据信息平台的参与主体就可以先筛选出一部分企业，再根据具体的企业信息，银行就可以选择优质客户，拓展业务范围。假定战略性新兴产业中有一半的企业参与信息平台建设并且信息真实有效，则银行体系相应的违约风险

下降比例为 φ，利润增加比例为 δ，φ 和 δ 的取值依赖信息平台的广度和政府对信息真实性的监管程度。

由表 4-5 可以看出，政府建立信息平台对于单个企业而言理论上并没有太大影响，而对于银行体系而言既能够增加银行体系的利润又能够减少违约损失，并且信息平台越健全，对银行体系越有利。值得指出的是，虽然表 4-5 中并未显示信息平台对于促进产业发展的作用，但是，平台的建立有利于银行体系"发现"优质中小企业，进而更好地扶持发展潜力较大的企业进行技术研发和市场拓展，对于实现产业扩张和产业升级具有积极的推动作用，并且能够实现银企双赢。对于政府而言，建立信息平台短期内需要大量人力、资金和技术成本，而收益则来自产业发展和升级带来的长期的经济增长和社会进步。

表 4-5　政府建立信息平台的效果

	企业守信	企业违约
未建立信息平台	$[L(r+F),WB+L(B-r-F)]$	$[-L(1+r),WB+L(B+r+F)]$
建立信息平台	$[L(r+F)(1+\delta),WB+L(B-r-F)]$	$[-L(1+r)(1-\varphi),WB+L(B+r+F)]$

资料来源：笔者自行设计。

四　政府对贷款违约企业进行惩罚

企业违约的动力来自管理层对违约行为的风险-收益的衡量，加大对贷款违约企业的惩罚力度，可以减少借款企业的道德风险，提高银行贷款的安全性。单纯地考虑政府对违约企业惩罚的作用，假设惩罚力度增加 μ，企业违约率相应地减少 μ，则有如表4-6所示的结果。

表4-6　政府建立违约惩罚机制的效果

	企业守信	企业违约
未建立惩罚机制	$[L\,(r+F)$, $WB+$ $L\,(B-r-F)\,]$	$[-L\,(1+r)$, $WB+$ $L\,(B+r+F)\,]$
建立惩罚机制	$[L\,(r+F)\,(1+\mu)$, $WB+$ $L\,(B-r-F)\,]$	$[-L\,(1+r)\,(1-\mu)$, $WB+$ $L\,(B+r+F)\,-\mu]$

资料来源：笔者自行设计。

由表4-6可以看出，相比建立信息平台，建立健全贷款违约企业惩罚机制，不仅能够增加银行体系利润、减少违约风险，对于企业而言也增加了违约企业的违约成本。随着 μ 的增加，企业违约的动机会越来越小。对于政府而言，建立企业信贷违约惩罚机制的成本和收益与建立信息平台的成本和收益类似，如果二者结合起来，效果会更好。

第四节　信贷融资中的博弈各方的
目标与最佳选择

科技信贷支持战略性新兴产业发展主要涉及三个利益主体，分别是政府部门、银行体系和企业部门。支持产业升级和产业转型是三个主体共同的目的，但是，就三个主体的最终目的而言，其实各有不同，因此，在博弈过程中展现出不同的选择思路。本章从政府部门、银行体系和企业部门的根本目的出发，探析政府部门、银行体系和企业部门的最佳选择。

一　政府部门

政府部门宏观调控国民经济。政府部门的根本目的是国民经济增长，金融市场稳定，社会民生安定。政府部门在支持战略性新兴产业发展的过程中同样遵循这三个根本目的，因此，政府部门不仅从税收优惠和政府补贴方面支持战略性新兴产业发展，而且会引导银行体系的贷款方向，使得银行体系的一部分资金向战略性新兴产业倾斜。

但是，需要指出的是，战略性新兴产业属于高新技术产业，同时具备新兴性和战略性，产业中的中小企业有很大一部分仍处于初创期和成长期，其发展特性与银行体系的经营原则相悖。考虑到金融体系的稳定性，政府部门还需要在降低银行风险方面采取一定的措施，才能够平衡促进战略性新兴产业发展和控制银行体系风险之间的矛盾。

基于本章的分析和目前银行体系监管现状，政府部门能够采取的措施包括：第一，政府为企业提供贴息支持，减少企业的信贷融资成本，进而降低企业违约率；第二，政府为战略性新兴产业的信贷融资提供一定比例的担保，建立风险缓释机制，进而降低银行体系的风险；第三，政府并不为任何一方提供资金补贴，但是出资建立并维护信息交流平台，使得产业的信贷融资市场化、透明化；第四，政府建立健全立法机制，对贷款违约企业和"老赖企业"进行惩罚。

对比短期效应和长期效应，第一种措施和第二种措施在短期能够扶持企业成长，增强银行贷款支持中小企业的信心；但是从长期来看，第三种措施和第四种措施的边际效应最强，能够维护科技信贷支持战略性新兴产业发展领域的长治久安，并且能够在产业与银行体系之间形成良性循环，是政府部门的最佳选择。

二 银行体系

银行体系的经营原则是安全性、营利性和流动性，其中，又以安全性为第一要义。目前科技信贷支持战略性新兴产业发展的投向领域并没有完全遵循"科技性"原则，更多银行体系的资金转而投向了国有企业、大中型企业和跨国企业的生产线和基地建设、市场拓展领域，虽然对企业研发也有间接的促进作用，但是效果不佳。

如何平衡在支持战略性新兴产业过程中的"风险性"和"营利性"是银行体系需要思考与抉择的关键问题。如果反向思考，只要降低了贷款风险，也就保证了营利性。因此，银行体系需要解决的是降低战略性新兴产业贷款风险的问题。

对于银行体系而言，降低信贷风险有两种选择：其一，选择优质企业；其二，分散贷款风险。选择优质企业需要获得企业的真实可用信息，实现这个目的可以与政府合作建设信息交流平台，也可以与证券公司、投资银行、咨询公司合作购买相关信息，还可以建立研发部门使其自行收集信息。在这些选择中，与政府合作是最优选择，既可以实现信息来源的广泛性，又可以获得信息收集整理的规模效应。分散贷款风险的实现路径有很多，主要包括创新产品和分散客户主体。

三　企业部门

企业部门的根本目的是赢利，为此，企业希望在低成本的前提下尽可能多地获得信贷资金。在整个信贷流程中，企业是关键环节，企业的最终选择决定了博弈结果的方向。

总体来说，企业获得长期低息贷款的方式有很多。第一，向相关部门申请，获得高新技术企业资格；第二，积极配合政府建立信息交流平台，并及时更新信息，保证信息的及时性、真实性和公开性；第三，与某家银行保持长期良好的合作关系，成为该银行的优质客户；第四，加强技术研发与产品创新，增强企业内源融资实力，进而提高低息借贷的资本。对于战略性新兴企业而言，这四种方式不分伯仲，需要并驾推进才能获得越来越多的科技信贷，实现银企之间的良性循环。

第五章

直接融资助力战略性新兴
产业发展研究

　　战略性新兴产业是建设创新型国家的中坚力量，由于具有高技术、高增长和高风险等特点，银行信贷等间接融资难以完全满足战略性新兴产业的资本需求。直接融资是推动产业发展的主要动力之一，研究战略性新兴产业直接融资问题对于推进产业升级和产业转型具有重要的意义。资本市场是支持产业发展与转型的主要融资平台。对于战略性新兴产业直接融资问题，国内外学者已经展开了一系列研究。

　　我国当前的金融体系不利于战略性新兴产业的发展，融资困难、融资成本高是金融体系制约战略性新兴产业发展的主要问题，也是学者们关注的重点。战略性新兴产业的发展原动力是科技创新，研发与创新都需要大量资金的支持。基于前期研发创新的高风险性，能分散风险的直接融资模式应该是战略性新兴产业的首选融资模式。目前国内外学者对于直接融资与战略性新兴产业发展的相关研究主要围绕风险投资和股权融资效率两个领域来展开。

Kortum 和 Lerner 是首先研究风险资本和技术创新的学者，通过对存在和不存在风险资本背景企业专利状况的比较分析，他们指出有风险资本注入的企业创新能力更强①，因此，风险资本在某种程度上具有刺激技术创新的功能。此外，与具有非风险资本背景的公司相比，具有风险资本背景的公司在初始风险资本进入时具有更高的全要素生产率，这些公司在风险资本进入后将保持更高的全要素生产率增长。② Engel 和 Keilbach 以德国中小企业为研究对象，同样验证了有风险资本参与的企业创新程度更高的观点。③ 当风险投资机构投资企业时，它们将进行详细的审查和持续监督，引导企业寻求更大的投资机会来降低创新的不确定性④，投资加监管的操作模式有利于促进企业的成长。也有学者认为风险资本与创新之间并不存在必然的联系，Caselli 等使用倾向得分匹配法（PSM）得出结论，风险资本改

① Samuel Kortum, Josh Lerner, "Assessing the Contribution of Venture Capital to Innovation," *Journal of Economics* 31（2000）：674-692.

② Thomas J. Chemmanur, Karthik Krishnan, Debarshi K. Nandy, "How Does Venture Capital Financing Improve Efficiency in Private Firms? A Look Beneath the Surface," *The Review of Financial Studies* 24（2011）：4037-4090.

③ Dirk Engel, Max Keilbach, "Firm-Level Implications of Early Stage Venture Capital Investment: An Empirical Investigation," *Journal of Empirical Finance* 14（2007）：150-167.

④ Amar V. Bhide, *The Origin and Evolution of New Businesses*（New York: Oxford University Press, 2003）.

善了企业的管理，但没有使其进行更多创新。[①] 根据韩国生物技术行业的数据，Sohn 和 Kang 发现风险资本的作用主要是促进投资企业和下游企业之间的合作，对企业的创新绩效没有显著影响。[②] 温军和冯根福从"增值服务"和"攫取行为"的互动角度分析了风险资本对企业创新的影响机制，发现风险资本作为一个整体降低了抽样时期的企业创新水平。[③] 国内部分学者从理论方面分析风险投资支持是战略性新兴产业发展的重要力量，能够有效解决战略性新兴产业融资难题。赵玉林等实证检验了我国风险投资与战略性新兴产业间的关系，发现两者间具有长期均衡和短期波动关系，风险投资对战略性新兴产业发展具有促进作用，风险投资短期波动会引发新兴产业波动。[④] 杜传忠等阐述风险投资通过资金支持、技术筛选与集聚、孵化和增值服务等途径促进新兴产业发展，并以节能环保产业上市公司数据进行实证检验，肯定了风险投资具有新兴产业促进作用。[⑤] 与这些观点不同，赵玮和温军基于 2005~2013 年我国战略性新兴产

① Stefano Caselli, Stefano Gatti, Francesco Perrini, "Are Venture Capitalists a Catalyst for Innovation?" *European Financial Management* 15 (2009): 92 – 111.

② Byung K. Sohn, Kyung-Nam Kang, "The Role of Venture Capital on Innovation in the Korean Biotechnology Industry," *International Journal of Trade, Economics and Finance* 6 (2015): 181.

③ 温军、冯根福：《风险投资与企业创新："增值"与"攫取"的权衡视角》，《经济研究》2018 年第 2 期，第 185~199 页。

④ 赵玉林、石璋铭、汪芳：《战略性新兴产业与风险投资发展协整分析——来自中国高技术产业的经验分析》，《科技进步与对策》2013 年第 13 期，第 53~58 页。

⑤ 杜传忠、李彤、刘英华：《风险投资促进战略性新兴产业发展的机制及效应》，《经济与管理研究》2016 年第 10 期，第 64~72 页。

业上市公司微观数据，检验中国风险投资与战略性新兴产业上市公司的绩效，发现风险投资介入对企业绩效具有显著的抑制作用。[①] 风险投资能促进产业转型升级，但作用比较微弱，原因在于当前我国风险投资发展较不成熟，尚未充分发挥其分散风险等优势。[②]

在国内外现存文献中，对产业直接融资的研究主要是针对上市公司股权融资效率的评价。其中，DEA 分析方法应用广泛。郭进介绍了战略性新兴产业七个子产业的现状及融资现状，并运用数据包络分析法对融资效率进行了分析，并对各产业进行了比较；然后，基于 Tobit 回归分析了企业规模、融资结构、资本利用率和股权集中度对融资效率的影响。[③] 乔小燕和毛东俊的研究证明，上市公司股权融资有利于产业效率最大化，同时，战略性新兴产业股权融资效率受外部融资生态影响，技术进步是提高股权融资效率的有效途径。[④] 此外，外部融资生态优化和内部融资行为规范可以共同提高战略性新兴产业的股权融资效率。[⑤] 整体来看，我国战略性新兴产业的融资情况处于非效率状

[①]　赵玮、温军：《风险投资介入是否可以提高战略性新兴产业的绩效?》，《产业经济研究》2015 年第 2 期，第 79~89 页。

[②]　刘广、刘艺萍：《风险投资对产业转型升级的影响研究》，《产经评论》2019 年第 3 期，第 45~55 页。

[③]　郭进：《战略性新兴产业融资效率问题研究》，博士学位论文，财政部财政科学研究所，2014。

[④]　乔小燕、毛东俊：《新兴产业股权融资与负债融资支持效率分析——以江苏省新能源上市公司为例》，《财会月刊》2015 年第 24 期，第 77~80 页。

[⑤]　许珂、耿成轩：《新一代信息技术产业股权融资效率研究——基于外部融资生态评价和三阶段 DEA 分析》，《技术经济与管理研究》2019 年第 3 期，第 86~90 页。

态，并且股东权益比率和资产负债率均对融资效率具有显著影响。[①] 在科技金融支持战略性新兴产业高端化过程中，资本市场应着力于机制健全。[②] 还有一些学者从金融环境的角度研究了战略性新兴产业融资效率的影响因素。[③]

综上所述，国内外学者对产业直接融资问题进行了大量研究，得出一些有益的结论。但是，就当前文献而言，研究对象多集中于高新技术产业，专门针对战略性新兴产业直接融资问题的研究较少，所以其研究结论不具有普遍意义。基于此，本章拟选择 300 家样本企业，分别来源于新能源、新材料、生物医药、节能环保、高端装备、新一代信息技术、新能源汽车等战略性新兴行业，探讨战略性新兴产业直接融资中存在的问题，进而提出可行的解决方案。

---

① 曾刚、耿成轩：《基于 Super-SBM 和 Logit 模型的战略性新兴产业融资效率及影响因素研究》，《科技管理研究》2019 年第 16 期，第 135~143 页；胡吉亚：《外源融资模式与战略性新兴产业经营绩效实证研究——基于 120 家战略性新兴产业上市公司的面板数据》，《学海》2020 年第 1 期，第 141~149 页。

② 胡吉亚：《科技金融助力战略性产业高端化的逻辑、绩效与着力点》，《北京社会科学》2021 年第 7 期，第 84~97 页。

③ Jeffrey Wurgler, "Financial Markets and the Allocation of Capital," *Journal of Financial Economics* 58（2000）：187-214；Heitor Almeida, Daniel Wolfenzon, "The Effect of External Finance on the Equilibrium Allocation of Capital," *Journal of Financial Economics* 75（2005）：133-164；Ahsan Habib, "Corporate Transparency, Financial Development and the Allocation of Capital: Empirical Evidence," *Abacus* 44（2008）：1-21；黄生权、唐小敏：《股权激励和内部控制对上市公司融资约束的影响——基于 2009—2018 年战略性新兴产业数据》，《湖南农业大学学报》（社会科学版）2020 年第 2 期，第 65~72 页。

第一节　战略性新兴产业直接
融资现状分析

　　战略性新兴产业的振兴与发展需要在核心技术领域占据头部地位，这就要求在技术研发攻坚领域加大人力资本和资金的投入，目前我国大多数战略性新兴产业仍处于成长期和成熟期，资金缺口较大，需要资本市场的大力支持。直接融资作为重要的融资模式之一，在推动我国战略性新兴产业发展的过程中尚有较大的发展空间。目前，我国的直接融资方式主要有股票融资、风险投资、发行债券、私募基金等。

一　股票融资

　　新兴产业的初期发展主要包括种子期、创建期、成长期三个阶段。[①] 随着经济的发展，我国战略性新兴产业不断兴起，但多处于创建期和成长期的资金筹集阶段，资金缺口大，资金获取渠道有限。同时由于融资约束，战略性新兴产业中的中小企业通过银行借款、债券融资等的成本较高，更倾向于选择股票融资。

　　通过对七大战略性新兴产业中 300 家代表性企业年报数据的整理与分析，可以发现大部分新兴企业采取了股票融资方式募集资金，但股票融资数额并不高。从图 5-1 可以发现，大部

---

　　① 袁中华、刘小差：《后危机时代我国新兴产业发展的金融支持研究》，《新金融》2010 年第 5 期，第 52~55 页。

分企业总股本额在 60 亿元以下，仅 19 家企业总股本大于 60 亿元。其中，有 9 家企业总股本超过 100 亿元，节能环保、新能源汽车和新一代信息技术产业中各有 1 家，新能源和高端装备产业中各有 3 家。

图 5-1 战略性新兴产业代表性企业 2019 年总股本

注：●表示各企业。

资料来源：各企业 2020 年年报。

战略性新兴企业进行股票融资时，更偏向境内融资，境内法人股占主要地位，尤其以国有法人股为主，社会资本比例较低，利用率不足（见图 5-2）。以高端装备产业为例，宝鸡钛业股份有限公司 2020 年年报数据显示，前十大股东中，宝钛集团有限公司持股比例为 53.04%，属于国有法人，其余九位股东的持股比例都在 3% 以下。海洋石油工程股份有限公司 2021 年 3 月披露的年报显示，前十大股东中，排名前四位的股东都属于国有法人，包括中国海洋石油集团有限公司持股 48.36%，中国海洋石油南海西部公司持股 6.65%，中国证券金融股份有限公司持股 2.82%，中央汇金投资有限责任公司持股 2.03%。上海航天汽车机电股份有限公司 2020 年年报显示，前五大股东都是国有法人，分别是上海航天技术研究院持股 26.45%，航天投资控股有限公司持股 4.45%，上海新上广经济发展有限公司、上海航天智能装备有限公司、上海航天工业（集团）有限公司分别持股 2.48%、2.44%、1.89%。山推工程机械股份有限公司国有法人持股 14.81%；四创电子股份有限公司的大股东中电博微电子科技有限公司持股比例为 45.67；贵州贵航汽车零部件股份有限公司的前三大股东〔中国航空汽车系统控股有限公司、中国贵州航空工业（集团）有限责任公司、贵阳市工商产业投资集团有限公司〕都是国有法人，分别持股 37.01%、9.28%、6.24%。①

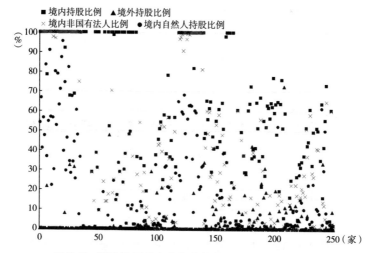

图 5-2 战略性新兴产业代表性企业 2019 年持股比例

资料来源：各企业 2020 年年报。

---

① 数据全部来源于各企业 2020 年年报。

二 风险投资

风险投资对企业创新研发及绩效激励有重要作用。新兴企业处于发展初期，资金多用于产品研发投入及品牌定位，具有高风险、高收益的特点，能否研发出符合市场需求的新技术，能否将新技术成功变成产品投入销售均具有很大的不确定性，所以很难从传统渠道获得资金，风险投资则成为新兴企业缩小资金缺口的重要途径。但对于战略性新兴产业来说，风险投资在企业融资中的比重远远小于股票投资。以节能环保产业①为例，2015～2019 年通过风险投资获得的融资总额仅为 74.55 亿元（见图 5-3），而从国有法人处获得的股票融资总额为 328.86亿元，是风险投资的 4 倍多。

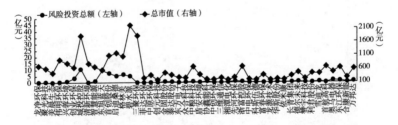

图 5-3 节能环保产业各企业 2015～2019 年风险投资总额和总市值

资料来源：各公司 2016～2020 年年报。

根据 Per Crunchbase 的数据，2018 年是全球风险投资的高峰年，而 2019 年则是过去十年来初创企业投资额第二高的年

---

① 注：为进行更详细的分析，本章节能环保产业选取了 46 家企业。

份。2019 年，中国的风险投资大幅回落。美国的风险投资表现尤为优秀，Waymo 筹集了 22.5 亿美元，Generate Capital 筹集了 10 亿美元，Quibi 筹集了 7.5 亿美元。欧洲的风险投资也很强劲，其中 Revolut 筹集了 5 亿美元，Lilium 筹集了 2.4 亿美元。[①] 根据烯牛数据统计，2020 年国内创投市场共计披露 7469 起投融资事件，较 2019 年减少 25.02%，共计融资金额 10258 亿元，较 2019 年减少 15.69%；融资事件数量与融资金额均为近 6 年最低点。从披露的融资金额来看，2020 年创投市场超 6 成共计 6503 亿元资金流向了前 15% 的项目，近 4 成资金共计 4017 亿元集中投向了前 1.79% 的项目，巨额融资在创投市场的比重越来越高。[②] 可以看出，我国战略性新兴产业的中小企业获得风险资本的可能性较小，前景不容乐观。

三 发行债券

我国战略性新兴产业还未发展至成熟状态，盈利能力欠佳，其发行的债券对资本的吸引力较小，大部分战略性新兴企业发行债券数目较少。2019 年，在 46 家节能环保样本企业中，有超过七成的企业没有通过发行债券进行融资，有四分之一的企业发行债券的数目在 5 万股以下，仅北京首创股份有限公司（首创股份）发行债券数目达到 8 万股（见表 5-1）。2015~2020 年

---

① 《2020 全球风险投资报告：欧洲增长，美国放缓，中国跌落悬崖》，知乎，2020 年 7 月 16 日，https://zhuanlan.zhihu.com/p/160781998。

② 《2020 年国内创投市场的 1 万亿投融资，近 4 成被 1.79% 的融资事件拿走》，"烯牛数据"百家号，2021 年 1 月 27 日，https://baijiahao.baidu.com/s?id=1690035542643834459&wfr=spider&for=pc。

六年间仅有三家企业发行债券数目在 20 万股及以上——启迪药业集团股份公司发行债券 44 万股，北京首创股份有限公司发行债券 31 万股，江苏东方盛虹股份有限公司发行债券 20 万股。

表 5-1 节能环保产业各企业 2019 年发行债券数量

单位：万股

企业	发行债券数量	企业	发行债券数量	企业	发行债券数量
龙净环保	1	菲达环保	0	中电环保	0
聚光科技	0	中原环保	1	科斯伍德	0
美晨生态	1	创元科技	0	富春环保	0
伟明环保	0	金固股份	0	龙源技术	0
兴蓉环境	2	泰达股份	0	华斯股份	0
创业环保	0	东方电子	0	依米康	0
城投控股	1	合康新能	0	长青集团	0
清新环境	0	众合科技	0	德尔未来	1
智慧能源	0	中粮科技	0	赞宇科技	0
东旭蓝天	0	盾安环境	0	利君股份	0
首创股份	8	协鑫能科	0	雪迪龙	0
启迪桑德	3	中创环保	0	首航高科	0
格林美	1	三维通信	0	奥马电器	0
万邦达	1	湘潭电化	0	东江环保	0
碧水源	1	先河环保	0		
三聚环保	1	浙富控股	0		

资料来源：各公司 2020 年年报。

四　其他融资方式

除上述主要直接融资方式外，部分战略性新兴企业通过私募股权基金（PE）、少数股东借款、企业借款、短期债券、超短期融资券、国债项目、引入外资等方式实现直接融资。其中，向股东及其他单位、企业借款以及发行短期债券是较为常见的直接融资方式。通过其他方式融资的新兴企业中，近一半的企业选择通过这两种方式进行融资。而随着创业板、新三板的改革以及退出机制的完善，私募股权基金逐渐被越来越多的企业接受，但目前仍缺乏更为统一、协调的发展股权基金类法律法规，其认定标准、监管条例等仍需进一步完善。在引进外资方面，虽然国家鼓励新兴企业引入外资，推进外国企业向国内中小企业投资，但外资在新兴企业直接融资中所占比例极小，我国企业仍以境内融资为主。在我们研究的 300 家战略性新兴企业中，仅有约三分之一的企业通过股权融资、债券融资等方式引进外资。

通过对 300 家企业融资数据进行分析，我们发现战略性新兴产业进行直接融资的方式以股票融资为主，占直接融资一半以上的比重，其中国内法人融资占比最大，对社会资本及国外资本的吸引力较弱。此外，风险投资和发行债券也是战略性新兴产业偏好的直接融资方式。同时，战略性新兴产业是国家重点扶持的产业之一，国家补助及创投基金等的支持也是其获取资金的重要途径。综合考虑，战略性新兴产业存在较大的资金缺口，虽有国家大力支持且前景广阔，但其直接融资的途径较为单一，多样性不足，股权融资在直接融资方式中占据绝对地位，且利用的资本种类较少，过于依赖国家支持和国有资本投入。

另外，从产业结构来看，直接融资资金分布不均，不同产业融资方式、金额差异较大。高端装备、新能源汽车等新兴产业直接融资数额大，而节能环保产业和新一代信息技术产业直接融资数额相对较小，高端装备产业直接融资总额是新一代信息技术产业的3.32倍（见图5-4）。由于各产业间发展速度不同，高端装备产业基本已进入成熟期，大中型企业在市场上基本立足，对国家资金的依赖程度降低，对社会资本和国外资本的吸引力增强。而新一代信息技术产业发展相对缓慢，企业规模普遍较小，仍处于资金瓶颈期，投资需承受巨大风险，直接融资可利用渠道少。

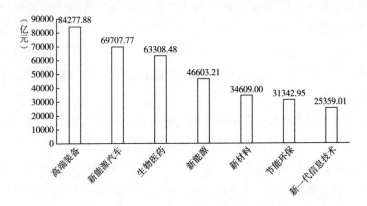

图5-4　七大战略性新兴产业2015～2020年直接融资总额
资料来源：Wind金融终端。

第二节　战略性新兴产业直接
融资绩效分析

资本市场的融资潜力巨大，随着我国多层次资本市场的不断完善与发展，直接融资已经成为战略性新兴产业中大部分大中型企业的主要融资模式之一，而资本市场的层次化也间接地促进了风险投资领域的发展。本章选择战略性新兴产业中的部分企业作为研究样本，实证分析我国战略性新兴产业直接融资的绩效，从定量的角度出发，探析我国战略性新兴产业直接融资中的不足，为之后的研究奠定基础。

一　样本选择和模型构建

本章在七大战略性新兴行业上市公司中随机选取了 300 家作为样本进行上述统计分析。但在进行公司层面考察时，由于部分样本在研究年限内出现所属行业变更、重大重组、更名 ST、部分指标数据缺失以及未披露数据等现象，影响数据连续性，故需将存在上述情况的公司剔除，最终选定七大产业各 25 家共175 家公司，以其 2015～2019 年面板数据作为实证研究基础，数据来自 Wind、各公司年报。

ROA 是常用的资产利用效率衡量指标，将其作为被解释变量。为考察融资方式、融资规模、股权融资结构的影响，将直接融资额 DF_{it}、间接融资额 IF_{it}、国有股份比例 NH_{it}、境外持股比例 FH_{it}、股权集中度 HC_{it} 作为解释变量，研发支出 RD_{it} 是战略性新兴产业公司核心竞争力的源泉，也将其作为解释变量。为降低遗漏变量偏误，加入总资产 $Size_{it}$、成立年份 $\ln Age_{it}$ 作为控制变量。ε_{it} 为随机扰动项，下标 i 代表第 i 家公司，t 代表 t 年度。

构建固定效应实证研究模型如下：

$$
\begin{aligned}
ROA_{it} = {} & \beta_0 + \beta_1 DF_{it} + \beta_2 IF_{it} + \beta_3 RD_{it} + \beta_4 NH_{it} + \beta_5 FH_{it} + \\
& \beta_6 HC_{it} + \beta_7 Size_{it} + \beta_8 \ln Age_{it} + \varepsilon_{it}
\end{aligned} \tag{5-1}
$$

二 变量设置和变量描述

在中国资本市场上，上市公司的直接融资渠道主要为股权融资和发行债券融资，故将年末公司存量债券余额和总市值加总用以估计公司直接融资规模。间接融资额主要为银行等金融机构发放的贷款，采用当年年报短期借款和长期借款两科目总额估算。为减小量纲影响，将直接融资额、间接融资额、研发支出、总资产、年份均进行取对数处理。具体定义见表5-2。

表5-2 变量设置

变量类型	变量名称	变量符号	定义
被解释变量	资产收益率	ROA	净利润（含少数股东损益）×2/（期初总资产+期末总资产）×100%
解释变量	直接融资额	DF	年末公司存量债券余额+总市值；单位万元，取对数
	间接融资额	IF	当年年报披露短期借款+长期借款；单位万元，取对数
	研发支出	RD	当年年报披露上市公司研发支出；单位万元，取对数
	国有股份比例	NH	当年年报披露上市公司十大股东中国有股东持股比例

变量类型	变量名称	变量符号	定义
解释变量	境外持股比例	FH	当年年报披露上市公司十大股东中境外股东持股比例
	股权集中度	HC	前五大股东持股比例
控制变量	总资产	$Size$	公司年末总资产；单位万元，取对数
	成立年份	$lnAge$	自成立到 t 年的年份合计，取对数

资料来源：笔者自行设计。

将 175 家公司面板数据导入 Stata 14 软件处理得到统计分析结果如表 5-3 所示。可以看到，各公司不同年度间的业绩表现差异很大，ROA 最小值为-52.11%，最大值为 26.37%，但平均值为正，整体绩效表现良好。对于直接融资额 DF 和间接融资额 IF 两个指标，除标准差外，表中其余统计量都是前者更大。这说明样本公司整体上在两种融资方式中更偏好直接融资且直接融资额离散程度更低。国有股份比例 NH 均值为 18.85%，最大值为 81.08%。境外持股比例 FH 均值为 3.948%，最大值为 72.59%。可以推测战略性新兴产业公司股权融资的国有色彩浓重。前五大股东持股比例 HC 均值为 50.39%，表示整体股权集中水平较高。

表 5-3　变量描述

变量名	样本数	平均值	标准差	最小值	最大值
ROA	875	4.610	5.695	-52.11	26.37
DF	875	14.28	0.949	11.79	17.47

变量名	样本数	平均值	标准差	最小值	最大值
IF	875	11. 41	2. 962	0	16. 99
RD	875	9. 927	1. 744	0	14. 28
NH	875	18. 85	22. 18	0	81. 08
FH	875	3. 948	9. 908	0	72. 59
HC	875	50. 39	14. 63	16. 92	93. 45
Size	875	14. 06	1. 279	11. 01	18. 26
ln*Age*	875	2. 928	0. 288	1. 792	3. 784

资料来源：笔者自行设计。

三　实证结果分析

将面板数据代入模型（5-1），用 Stata 14 计量软件处理后，得出实证结果，见表5-4。

实证结果显示，国有股份比例、境外持股比例、股权集中度、总资产都与直接融资额和间接融资额呈正相关关系。分项来看，国有股份比例与间接融资额的相关性更强，境外持股比例与两融资额的相关系数差异很小，股权集中度与直接融资额的相关系数明显大于与间接融资额的相关系数，总资产更高的公司融资规模更大符合实际。直接融资额和间接融资额与研发支出的相关系数均为正，但前者系数约为后者的 3 倍，表明更多的直接融资额将用于研发。

表5-4 变量间相关系数

变量	ROA	DF	IF	RD	NH	FH	HC	Size	lnAge
ROA	1								
DF	0.341***	1							
IF	-0.258***	0.235***	1						
RD	0.130***	0.599***	0.206***	1					
NH	-0.222***	0.161***	0.219***	0.111***	1				
FH	-0.00500	0.115***	0.117***	0.177***	-0.0210	1			
HC	0.139***	0.324***	0.070**	0.162***	0.281***	0.247***	1		
Size	-0.060*	0.707***	0.563***	0.605***	0.402***	0.225***	0.314***	1	
lnAge	-0.00500	-0.108***	0.077**	-0.0130	-0.0160	0.079**	-0.185***	0.062*	1

注：*、**、***分别表示10%、5%、1%的显著性水平。

资料来源：由 Stata 14 计量软件直接导出。

进行混合 OLS 回归得到表 5-5。F 检验的 P 值为 0，F 值为 67.78，整体参数显著，VIF<10，各变量间不具有显著的多重共线性关系。

表 5-5　混合 OLS 回归结果

变量	ROA	VIF
DF	4.068 *** (14.14)	2.6
IF	−0.285 *** (−4.33)	1.64
RD	0.110 (0.94)	1.83
NH	−0.039 *** (−5.22)	1.37
FH	−0.009 (−0.62)	1.16
HC	0.055 *** (4.22)	1.33
Size	−2.065 *** (−8.41)	4.34
lnAge	2.639 *** (5.14)	1.10
常数项	−32.031 *** (−7.63)	
观测值	875	
R^2	0.355	

变量	*ROA*	VIF
P 值	0	
r2_a	0. 349	
F	67. 78	
Mean VIF	1. 92	

注: *** p<0.01, 括号中为 t 统计量。

直接融资额系数显著为正, 而间接融资额系数显著为负, 说明直接融资较间接融资能明显助力公司绩效提升。直接融资更加灵活、筹资成本更低, 符合战略性新兴产业公司资金需求, 使用效率更高。间接融资主要源自银行贷款, 而银行规避风险的特性则可能限制公司融资规模。

国有股份比例系数显著为负, 股权集中度系数显著为正。从股权融资结构上看, 国有股份比例高未对公司绩效产生正面影响, 说明其未能发挥政府关系的优势, 难免存在委托代理问题的负面影响。股权集中度高的公司绩效表现更好, 说明战略性新兴产业中大股东能够对公司的发展产生积极作用, 公司经营理念一致, 管理效率更高。

总资产系数显著为负, 成立年份系数显著为正, 说明在所选面板数据中, 轻资产、成立年份久的公司业绩表现更出色。公司的绩效由多种因素决定, 即使拥有大的规模, 如果管理、创新、财务能力等不匹配也将无法取得高绩效。成立年份久的公司通常业绩表现更好, 积累的人力资本、研发能力具备增值潜力, 也增强了公司抵御市场风险的能力。研发支出系数未表现出显著性，推测是因为当年研发支出所获得的回报需在更长远的年份里才能反映在资产收益率的变化上。

第三节　战略性新兴产业直接融资过程中存在的不足

随着我国金融体系的不断健全与资本市场的板块调整，战略性新兴产业直接融资的占比越来越高。直接融资模式不仅能够为战略性新兴产业缓解资金短缺的问题，还部分具有"广告效应"和"去杠杆效应"，为支持战略性新兴产业发展做出了重要的贡献。但是，不可否认的是，由于我国资本市场仍不发达，直接融资领域的相关法规、制度尚不完善，在战略性新兴产业直接融资过程中仍存在一些问题亟待解决，主要体现在以下四个方面。

一　融资能力影响创新水平

战略性新兴产业从创立、持续发展再到做大做强的过程中，"创新"是一个重要的构成要素。建设创新型国家也是我国经济发展从量转向质的重要战略布局。党的十九大报告指出，我国要到 2035 年基本实现社会主义现代化，经济、科技实力大幅跃升，跻身创新型国家前列。相对应的，使我国迈向创新型国家的重要动力以及主要支点便是战略性新兴产业。我国的融资结构囿于发展的路径，还是以间接融资为主。但从现实情况来看，间接融资存在需求导向型歧视等问题，因为战略性新兴产业需要不断地创新，但客观上创新的高风险致使战略性新兴产业的需求与机构提供间接融资的风险偏好不一致，因此增强直接融资对企业创新的服务能力就显得尤其重要。

由样本分析结果可以看出，对于战略性新兴产业，直接融资与研发支出所代表的企业创新程度相关性达到了 0.599，并且在 1% 的水平下显著。这说明直接融资额的提升可能会促进创新效率的提高。但现实情况与闫俊周和杨祎测算的战略性新兴产业创新效率一样[1]，创新效率整体水平不高，未达到 DEA 有效。直接融资通过对创新效率产生约束，从而影响了企业的创新效率。

二　股权集中度制约融资规模

当下，我国的资本市场正在有序稳健地发展，但在监管制度以及对中小微投资者的保护方面，仍然存在一些不足，如"327 国债"事件就是一个典型案例。对于一家企业，不论是股权绝对集中，还是股权绝对分散，都可能会对公司的经营决策、发展战略产生一系列的影响。如前者可能会造成大股东对小股东利益的侵吞和损害，后者会导致企业未来的发展和决策不明晰，造成企业进步缓慢。

分析结果显示，股权集中度相对于间接融资所起到的作用并不是那么显著，股权集中度与间接融资额的相关性为 0.070，在 5% 的水平下显著，这表明即便提高股权集中度，间接融资受到的影响也有限。而相反的，股权集中度与直接融资额的相关

---

① 　闫俊周、杨祎：《中国战略性新兴产业供给侧创新效率研究》，《科研管理》2019 年第 4 期，第 34~43 页。

系数为 0.324，在 1% 的水平下显著。回归结果表明，股权集中度对被解释变量 *ROA* 的影响系数为 0.055，在 1% 的水平下显著。不难看出，在我国的战略性新兴产业中，股权集中度越高，企业所受到的融资约束越小，且减轻的是直接融资的压力，即便在控制了其他因素的情况下，两者之间的相关关系依然显著存在。

这也从其他角度证明了股权集中度与直接融资之间的稳健性，即股权相对集中对战略性新兴产业融资约束有很好的缓解作用，并且主要是通过影响直接融资从而影响企业的收益。基于上述分析，战略性新兴产业要思考如何提高股权集中度，使企业更加便利地筹措用于研发创新发展、生产设施建设的资金，从而扩大经营范围，形成良性循环。

三　企业规模引致逆向选择

我国战略性新兴产业融资难、直接融资比例不高也受到企业规模的影响。根据分析结果可知，直接融资额与总资产所代表的企业规模相关性达到了 0.707，在 1% 的水平下显著，即企业规模越大，所获得的直接融资额越多。究其原因，主要是非完全有效市场导致的企业、市场信息不对称，极大地增大了战略性新兴产业直接融资的难度。

与其他产业发展时间较久、现金流有保证的成熟企业相比，战略性新兴产业囿于发展时间尚短，以银行为代表的金融机构无法准确评估战略性新兴产业的偿还系数和资金使用收益，因此对战略性新兴产业的贷款更谨慎。再者，同样是在企业、市场信息不对称的情况下，参与直接融资的出借方为了避免逆向选择和道德风险，会更愿意向大企业贷款，由此造成了规模歧视。同时，战略性新兴产业发展前景的高风险、高不确定性，导致除了标准定价外，资金还需加上风险溢价，从定价方面提高了战略性新兴产业直接融资的难度。

企业规模扩大需要一个缓慢发展过程。战略性新兴产业直接融资难的问题，正是市场监管部门需要解决的。小规模、初创的战略性新兴产业企业正是提升市场活力、推动市场技术进步的重要组成部分，解决了融资难的问题才能让市场在不断创新中发展。

四　信息不对称与外资股比例偏低

根据信息不对称理论，在资本市场中，不同的投资者对被投资对象、投资市场有关信息的了解是存在差异的，拥有不同信息丰度的投资者获利的能力也不相同。除此之外，信息不对称还会产生融资约束问题，特别是直接融资会受到影响，囿于没能充分掌握企业的信息，投资者对参与没有中间人的直接融资保持谨慎。而境外机构投资者的引入在一定程度上能够缓解国内资本市场上的信息不对称问题。

对于战略性新兴产业，直接融资额与境外持股比例的相关性达到了 0.115，在 1% 的水平下显著。由结果可以看出，境外机构投资者参与持股，对提高直接融资比例起到了一定助力作用。因为境外机构投资者从特征上是经过资格审批的、具有丰富从业经验的投资者，他们拥有专业的投研团队，与国内关系交错，在管理成本和信息获取方面具有更大的规模经济优势。同时从信号传递理论的角度来看，中小投资者对境内"庄家"

的信任度不是很高，而境外机构投资者专业的研究报告，如浑水机构的沽空报告，可以有效地将境外机构投资者所获得的企业信息传达给市场。再者，拥有较高声誉的境外机构投资者本身也能将一种积极的情绪反向施予被投资企业。同时这些被选中的公司可能代表着市场上"高质量"公司的信号，从而帮助其他投资者有效识别其投资的价值。

但依据境外持股比例的描述性统计数据不难看出，境外持股比例存在偏低的现状，平均值仅为 3.948，且不同的战略性新兴产业偏差较大，因此，如何在合理的范围内提升境外持股比例，引进、鼓励优秀的境外机构投资者参与战略性新兴产业投资是一个亟待解决的问题。

第六章

科技金融支持战略性新兴产业
高端化发展中的问题分析

国家经济的发展主要依靠实体经济的支撑，而实体经济的发展有赖于民族工业的振兴。我国民族工业起步晚，发展模式粗放，在核心技术、管理制度、产业链位置等方面存在诸多掣肘之处。当前，民族工业的发展又面临新冠肺炎疫情、中美贸易摩擦、逆全球化等宏观环境的变化，基于此，党的十九届五中全会公报明确提出，"坚定不移建设制造强国、质量强国、网络强国、数字中国，推进产业基础高级化、产业链现代化，提高经济质量效益和核心竞争力"①。居于民族工业核心和支柱位置的战略性新兴产业发展必须沿着高端化的路径前进。

---

① 《聚焦党的十九届五中全会公报要点（图）》，人民网，2020 年 10 月 29 日，http://finance.people.com.cn/n1/2020/1029/c1004-31911568.html。

目前我国已经拥有全球最完整的工业供应体系，2019 年我国出口产品种类达到 7932 种①；东盟国家已经取代美国，成为我国最大的贸易伙伴；中国拥有 14 亿人口，人均 GDP 达到了 1 万美元②。可以看出，我国已经具备了国内国际双循环的基础条件。然而，需要指出的是，我国在高新科技产业领域，尚存在一些短板。我国目前共有 287 项核心基础零部件（元器件）、268 项关键基础原材料、81 项先进基础工艺、46 项行业技术基础亟待突破。③ 此外，我国战略性新兴产业低端化特征明显，使得我国在国际贸易和国际分工中处于不利地位。因此，促进科技创新、推动产业高端化是我国产业发展的必由之路。

第一节　科技金融支持战略性新兴产业高端化的逻辑脉络

战略性新兴产业高端化主要指的是战略性新兴产业的创新能力和核心竞争力的提升④，通过技术创新、制度创新推动高技术产业从"组装加工"的低端环节向"研发设计"、"核心制

---

① 余森杰：《"大变局"与中国经济"双循环"发展新格局》，《上海对外经贸大学学报》2020 年第 6 期，第 19~28 页。

② 黄群慧：《"双循环"新发展格局：深刻内涵、时代背景与形成建议》，《北京工业大学学报》（社会科学版）2021 年第 1 期，第 9~16 页。

③ 中国社会科学院经济研究所《中国经济报告（2020）》总报告组：《全球经济大变局、中国潜在增长率与后疫情时期高质量发展》，《经济研究》2020 年第 8 期，第 4~23 页。

④ 寸晓宏、巩福培：《高新技术产业高端化与产业集群升级》，《学术探索》2017 年第 11 期，第 98~103 页。

造"和"品牌营销"等高端环节攀升。科技金融是促进科技开发、成果转化和高新技术产业发展的一系列金融工具、金融制度、金融政策与金融服务的系统性、创新性安排。科技金融支持战略性新兴产业高端化不仅能够在很大程度上缓解战略性新兴产业升级和创新的资金压力，还可以提高资金投向研发创新、成果转化和人才激励的精准度和绩效。无论是从理论逻辑、现实逻辑，还是从经验逻辑分析，科技金融支持战略性新兴产业高端化都具有可行性和必然性。

一　理论逻辑

李克强总理曾指出，"要提高科技创新对经济增长的贡献率，推动产业向中高端升级"[①]。党的十九大报告也明确指出，"加快建设制造强国，加快发展先进制造业，促进我国产业迈向全球价值链中高端"。对于产业高端化的界定，我国学者偏向于研究"结构转型升级"，因为结构转型升级更加直观，容易量化；而国外学者则更强调"价值链升级"，主张从内生性的视角研究产业高端化。随着新一代科技革命的兴起，我国学者也纷纷将研究重点转向"价值链"和"产业链"，认可技术进步、创新创业和内生推动对产业升级的积极影响。

以保罗·克鲁格曼为代表的新贸易理论以中观分析为出发点，认为一国制造业的发展引发贸易扩张，而国际贸易的深度和广度的提高将会诱发各类生产要素的国际交换，并在本国形

---

① 巫景飞、郝亮：《产业升级的制度基础：微观视角下的理论分析与实证研究》，《经济问题探索》2016 年第 10 期，第 57～65 页。

成资本积聚，推动科技创新，进而促进全要素生产率的整体提升。[①] 新贸易理论被 Wilfred J. Ethier 作为生产函数引用，聚焦中间品因素分析，认为中间品的研发突破和高端化同样能够提高国家的创新能力。[②]

"微笑曲线"理论是经典的产业发展战略理论之一，其以一条简单的曲线说明了产业发展的主攻领域应该在价值链的两端，即技术研发和市场营销环节。目前，发达国家占据"微笑曲线"的前端，发展中国家负责"微笑曲线"中端的加工环节，而后端的品牌效应和售后服务等环节也大多由发达国家掌控（见图6-1）。我国制造业大而不强，在"微笑曲线"的前端并没有明显的优势。中国社科院研究发现，2016 年我国 7000 多家企业中研发经费在 500 万以上的企业仅占 4.1%，进行 3 年以上长期研发的企业占 6.2%。[③] 相比较发达国家而言，无论是资金投入还是人力投入，我国的高新产业都存在很大的提升空间。资金和技术对产业发展至关重要，资金与技术的投入程度与"微笑曲线"的位置正相关，投入越大，曲线位置越高，弯曲度也越大。随着人口红利的减少，我国经济增长引擎需要寻找新的动能，而积极推进战略性新兴产业高端化正是主要的新动能之一。

---

① 周茂、陆毅、符大海：《贸易自由化与中国产业升级：事实与机制》，《世界经济》2016 年第 10 期，第 78~102 页。

② Wilfred J. Ethier, "National and International Returns to Scale in the Modern Theory of International Trade," *The American Economic Review* 72（1982）: 389-405.

③ 冯晓莉、耿思莹、李刚：《改革开放以来制造业转型升级路径研究——基于微笑曲线理论视角》，《企业经济》2018 年第 12 期，第 48~55 页。

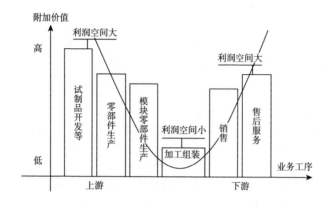

图 6-1　微笑曲线

资料来源：笔者自制。

二　现实逻辑

我国战略性新兴产业发展目前仍存在仿制多于研发、产业低端化、产能过剩、无序竞争等问题，产业发展面临诸多技术瓶颈和关键零部件缺失的掣肘。新一轮的科技革命以信息化、网络化和智能化为主要特征，新一代信息技术产业、高端装备产业和数字创意产业正是迎合了时代潮流，得以快速发展。有数据表明，2030 年我国的 AI 核心产业规模将超过 1 万亿元，带动相关产业规模达 10 万亿元。由此可见，战略性新兴产业高端化对我国未来经济发展具有重要意义。

必须承认，我国战略性新兴产业的核心竞争力不足，数模芯片和核心元器件受到美国、德国等欧美国家的垄断，在高速光器件领域，我国的高端市场几乎是空白的。在高端装备领域，欧美日等发达国家和地区已经完成了全球空间基础设施升级，并掌控了世界海洋工程装备产业的核心技术和关键元器件，我国只能与印度、巴西等国在产业链的中低端竞争。以具有"工业母机"之称的高档数控机床装备为例，日本发那科和德国西门子、通快、德马吉森精机等国外龙头企业已经研发实现了智能机床产出，而我国的智能数控系统华中智能、沈阳机床的 i5 系统才刚刚起步。在 VR 领域，Oculus、微软、三星、HTC 推出的 VR 终端设备是市场上的主流产品，我国的 VR 企业规模较小，尚不能与之形成竞争。在数字创意智能硬件平台操作系统方面，苹果 iOS 系统和谷歌 Android 系统已经牢牢占据全球市场。①

2020 年的新冠肺炎疫情使得国际经济雪上加霜，中美贸易摩擦升级，英国禁用华为、封锁抖音，日本、德国等发达国家纷纷出台系列政策支持企业迁出中国回流本国，全球面临消费萎缩、投资下滑和贸易逆全球化的困境。新的国内外环境让我国重新审视经济发展战略和路径，粗放型低产业链式发展已经不足以支撑我国经济走得更远，产业发展高端化是"双循环"下的必由之路。

三　经验逻辑

纵观历史，美国、德国、日本等发达国家的崛起无一不遵

---

① 中国工程科技发展战略研究院：《2020 中国战略性新兴产业发展报告》，科学出版社，2019，第 51~53、64~67、93~94、230 页。

循工业发展和产业高端化的路径。

在近几次的科技革命中，美国一直处于领先地位，科技创新对产业高端化的贡献率高达80%[1]，由此奠定了美国工业在全球产业链中的地位。美国政府部门通过税收优惠、政府采购和基地建设等措施为产业发展提供支持，例如，免除研发机构的税收，把GDP的3%投入R&D。《美国联邦采购法》规定优先采购本国高新技术产业产品[2]；将大学城与产业园区统筹规划，将产、学、研有机地结合在一起。此外，美国注重人才培养，迄今为止，美国仍是世界上教育经费投入最多的国家。在金融领域，美国的资本市场层次分明，产品种类繁多，制度健全，风险投资、信用担保、金融租赁、信用评级以及信息化平台等融资环境宽松，能够为产业高端化提供充裕的资金。实体经济的发展极大地增强了美国国力，奠定了美国科技发展、经济增长和人才培养的基础。

德国制造业发达，近十年来，德国工业在GDP中的占比接近30%。德国工业在最初就沿着高端化的思路进行布局，在电子、汽车、化学和机械等领域奠定了雄厚的技术基础。德国产业发展得益于贸易政策、教育模式和银行体系。德国鼓励国际贸易，以需求反哺创新，1950～2011年出口额占世界出口总额的比重均值为10.2%[3]；德国的教育体系与产业发展接轨，高等

---

① 徐广军、张汉鹏：《美国产业演进模式与我国产业结构升级》，《经济与管理研究》2006年第8期，第39～42页。

② 郝静：《美国支持高新技术产业发展的启示》，《中国财政》2017年第4期，第66～67页。

③ 陈红进：《解读德、日、韩的产业结构转型升级》，《企业管理》2015年第7期，第112～115页。

教育与职业技术教育并重，保障了产业高端化人才的储备；德国复兴信贷银行（KfW）是德国专门支持产业发展的政策性银行，KfW 银行设计的 ERP 计划主要服务于"微笑曲线"的两端，ERP 计划 Ⅰ 的资金主要支持企业的研发、专利转化等，ERP 计划 Ⅱ 的资金则主要用于支持新产品推广。德国担保制度健全，担保银行为商业银行信贷提供 80% 的担保，严谨的制度设置加上各级政府的扶持，发生损失的概率可以控制在 1%。[1]

日本民族工业的复兴主要归功于自主创新，日本在发达国家中的研发强度是最高的，近 20 年的均值超过 3%。[2] 1985 年以后，日本加大了科研投入，创建了"官产学研的流动科研体制"[3]，使得各领域统筹合力，大大提升了战略性新兴产业的核心竞争力，日本高端制造业也再次跻身世界前列。日本金融体系中最具特色的是"主银行制度"，"主银行制度"加强了银行体系与实体经济之间的关系，有效地提高了资金的使用效率，降低了银行体系的不良贷款率。据统计，1959~1970 年，日本产业高端化所需的设备购买与更新资金超过 100 万亿日元，都是以银行信贷方式获得的。[4]

由此可见，无论是从理论逻辑、现实逻辑还是从经验逻辑

---

① 赵婉妤、王立国：《中国产业结构转型升级与金融支持政策——基于美国和德国的经验借鉴》，《财经问题研究》2016 年第 3 期，第 35~41 页。

② 陈红进：《解读德、日、韩的产业结构转型升级》，《企业管理》2015 年第 7 期，第 112~115 页。

③ 安同信、范跃进、刘祥霞：《日本战后产业政策促进产业转型升级的经验及启示研究》，《东岳论丛》2014 年第 10 期，第 132~136 页。

④ 白钦先、高霞：《日本产业结构变迁与金融支持政策分析》，《现代日本经济》2015 年第 2 期，第 1~11 页。

推断，实现中华民族伟大复兴，必须坚持产业升级和产业高端化战略。党的十九大报告指出，我国经济已由高速增长阶段转向高质量发展阶段，必须着力加快建设实体经济、科技创新、现代金融、人力资源协同发展的产业体系，不断提升我国经济创新力和竞争力。[①]

第二节 科技金融支持战略性新兴产业高端化绩效实证研究

2015 年 5 月 8 日，国务院发布制造业发展战略，明确指出要"推动产业迈向高端，坚持创新驱动、智能转型，加快从制造大国向制造强国转变"，并预计 20 年后制造业水平达到世界领先地位。[②] 战略性新兴产业高端化需要大量的资金支持，科技金融则是金融与产业协同发展的契合点。本章选择七大战略性新兴产业作为研究对象，以"全要素生产率"和"创新能力"作为高端化指标，研究科技金融常见的六种融资模式对战略性新兴产业高端化的推动作用。

一 样本选择及数据来源

首先在战略性新兴产业中随机选择 300 家上市公司。再以

---

① 《习近平：决胜全面建成小康社会 夺取新时代中国特色社会主义伟大胜利——在中国共产党第十九次全国代表大会上的报告》，中央人民政府网，2017 年 10 月 27 日，http://www.gov.cn/zhuanti/2017－10/27/content_5234876.htm。

② 赵婉妤、王立国：《中国产业结构转型升级与金融支持政策——基于美国和德国的经验借鉴》，《财经问题研究》2016 年第 3 期，第 35~41 页。

下列标准进行二次筛选：（1）剔除已经 ST 和 *ST 的样本；（2）剔除部分财务指标缺失的样本；（3）平衡样本公司的产业分布；（4）平衡样本公司的区域分布。

最终选定 247 家上市公司作为实证研究样本，实证所用数据全部来源于 247 家上市公司官网 2016~2020 年 A 股年报中的资产负债表、现金流量表、损益表以及报表附注中的数据。

二　指标设计及变量描述

目前学术界对于产业高端化并没有权威的定义，本书认为，产业高端化主要体现在产业生产效率的集约和竞争能力的提升上，因此，本章选用"全要素生产率"和"创新能力"作为被解释变量代表产业高端化的程度。其中，"全要素生产率"指标的测算参照柯布-道格拉斯生产函数，形式为 $Y_{it} = A_{it} L_{it}^{\alpha} K_{it}^{\beta}$。其中，$Y$ 表示样本企业的产出，用净利润的数值代表；L 为样本企业的劳动投入，用研发人员占员工总数的比例代表；K 为资本投入，用样本企业的研发资金投入数值代表；A 为企业发展中不能被要素投入解释的部分，即全要素生产率 TFP。

有 3 个指标可以衡量"创新能力"，一是高新技术产品销售额，二是专利授权量，三是研发投入。实际中，企业的研发过程会持续很长时间，并且可能失败或者产成品并不被市场接受。因此，高新技术产品销售额并不能很好地衡量企业的创新能力。专利授权量同样只能代表企业创新的一部分成果，企业可能会因为技术保密或者其他原因，不申请专利。而研发投入的强度往往和企业对创新的重视程度以及企业自身的科研实力成正比，因此，本章拟选择企业的"研发投入"代表"创新能力"。

现实中支持产业高端化的资金主要来源于 6 个渠道，即企业自身的研发资金、政府的科研补助以及税收减免、银行体系的科研信贷、资本市场股权融资、风险资本和关联企业的商业信用融资。基于这 6 个渠道，设计 6 个解释变量，如表 6-1 所示。

表 6-1 变量选择与定义

变量类型	变量名称	变量符号	定义
被解释变量	全要素生产率	TFP	$Y_{it} = A_{it} L_{it}^{\alpha} K_{it}^{\beta}$
	创新能力	IA	ln（企业研发投入资金）
解释变量	自有研发资金	RD	（资本公积+盈余公积+未分配利润）/年末总资产
	政府资金支持	GF	（政府科研补助+递延所得税+科研税费减免）/净利润
	科技信贷	TC	（短期科技信贷+长期科技信贷）/主营业务收入
	股权融资	EF	总股本/年末总资产
	风险资本	VC	创投资本/净利润
	商业信用融资	CF	（应付票据+应付账款+预收款项）/主营业务收入

资料来源：笔者自行设计。

将 247 家样本公司连续 5 年的面板数据代入 Stata 14 计量软件进行分析，可得变量描述性统计结果如表 6-2 所示。

表6-2 变量描述性统计结果

变量	均值	标准差	最小值	最大值	观测值
TFP	7. 4498	3. 2979	-4. 4753	16. 8117	1235
IA	9. 2474	2. 9708	0. 0000	14. 2806	1235
RD	0. 5749	1. 4744	-1. 4625	36. 1901	1235
GF	572. 0921	5143. 9740	-29693. 5100	144032. 2000	1235
TC	38. 4940	553. 4389	0. 0000	12048. 1900	1235
EF	0. 1666	0. 2523	0. 0000	6. 5609	1235
VC	0. 0312	0. 3629	-0. 9652	10. 4836	1235
CF	43. 1953	611. 5056	0. 0000	15447. 7200	1235

资料来源：由 Stata 14 计量软件分析结果导出。

三 模型构建及实证结果

实证研究选择固定效应模型，以全要素生产率 *TFP* 与创新能力 *IA* 为被解释变量，构建模型如下：

$$TFP_{i,y} = \beta_0 + \beta_1 RD_{i,y} + \beta_2 GF_{i,y} + \beta_3 TC_{i,y} + \beta_4 EF_{i,y} +$$
$$\beta_5 VC_{i,y} + \beta_6 CF_{i,y} + \varepsilon_{i,y} \tag{6-1}$$
$$IA_{i,y} = \beta_0 + \beta_1 RD_{i,y} + \beta_2 GF_{i,y} + \beta_3 TC_{i,y} + \beta_4 EF_{i,y} +$$
$$\beta_5 VC_{i,y} + \beta_6 CF_{i,y} + \varepsilon_{i,y} \tag{6-2}$$

其中，i 代表样本公司，y 代表年份，β_0 是常数项，$\varepsilon_{i,y}$ 代表随机误差项。

先将 247 家样本公司的面板数据代入式（6-1），用 Stata 14 计量软件进行实证分析，可以得到实证结果如表6-3所示。

表 6-3　实证结果 1 （*TFP*）

变量	系数	标准差	t 值	P>	t		95% 置信区间	
					下限	上限
RD	0.1784749	0.0637979	2.80	0.005	0.0532791	0.3036707
GF	9.89E-06	0.0000167	0.59	0.555	-0.0000230	0.0000428
TC	-0.0003996	0.0010761	-0.37	0.710	-0.0025113	0.0017120
EF	-0.1857489	0.3758773	-0.49	0.621	-0.9233640	0.5518662
VC	0.4807587	0.2271227	2.12	0.035	0.0350571	0.9264602
CF	-0.0003865	0.0008348	-0.46	0.643	-0.0020246	0.0012516
常数项	7.3895940	0.1071521	68.96	0.000	7.17932	7.5998670
F test that all u_i＝0：F（246, 982）＝4.44					Prob>F ＝ 0.0000	

资料来源：由 Stata 14 计量软件分析结果导出。

表 6-3 中针对参数联合检验的 F 值和 P 值，分别为 4.44 和 0.0000，表明参数整体上相当显著。由系数和 P> | t | 值可知，自有研发资金 *RD*、风险资本 *VC* 与被解释变量 *TFP* 呈正相关关系，政府资金支持 *GF*、科技信贷 *TC*、股权融资 *EF*、商业信用融资 *CF* 与被解释变量 *TFP* 不相关。

再将 247 家样本公司的面板数据代入式（6-2），用 Stata 14 计量软件进行实证分析，可以得到实证结果如表 6-4 所示。

表 6-4　实证结果 2 （*IA*）

变量	系数	标准差	t 值	P>	t		95% 置信区间	
					下限	上限
RD	0.2752444	0.0532758	5.17	0.000	0.1706968	0.3797920
GF	0.0000028	0.0000140	0.20	0.839	-0.0000246	0.0000303

变量	系数	标准差	t 值	P>∣t∣	95%置信区间	
					下限	上限
TC	0.0001454	0.0008986	0.16	0.872	−0.0016180	0.0019087
EF	0.6269585	0.3138849	2.00	0.046	0.0109962	1.2429210
VC	−0.0283617	0.1896639	−0.15	0.881	−0.4005549	0.3438315
CF	−0.0001145	0.0006971	−0.16	0.870	−0.0014825	0.0012535
常数项	8.9833850	0.0894798	100.40	0.000	8.8077910	9.1589780
F test that all u_i=0：F (246, 982) = 5.69					Prob>F = 0.0000	

资料来源：由 Stata 14 计量软件分析结果导出。

表 6-4 中针对参数联合检验的 F 值和 P 值，分别为 5.69 和 0.0000，表明参数整体上相当显著。由系数和 P>∣t∣值可知，自有研发资金 *RD*、股权融资 *EF* 与被解释变量 *IA* 呈正相关关系，政府资金支持 *GF*、科技信贷 *TC*、风险资本 *VC*、商业信用融资 *CF* 与被解释变量 *IA* 不相关。

实证结果显示，企业自有研发资金和风险资本的增加有利于提高企业的全要素生产率，而企业自有研发资金和股权融资的增加对企业创新能力的提升具有显著的推动作用。

四 稳健性检验

将实证研究中解释变量的计算方式改为分子部分取对数，即自有研发资金 *RD* = ln（资本公积＋盈余公积＋未分配利润），政府资金支持 *GF* = ln（政府科研补助＋递延所得税＋科研税费减免），科技信贷 *TC* = ln（短期科技信贷＋长期科技信贷），股权

融资 $EF=\ln$（总股本），风险资本 $VC=\ln$（创投资本），商业信用融资 $CF=\ln$（应付票据+应付账款+预收款项）。再次代入模型后，所得结果与以上研究结论相同，因此，实证研究结论具有稳健性。

第三节　科技金融支持战略性新兴产业高端化问题分析

基于国家战略发展需要和政府政策的大力扶持，科技金融对战略性新兴产业的投入力度和广度都有所增加，但是，值得指出的是，由于产业发展、金融体制和法律框架等现状问题，在科技金融支持战略性新兴产业发展过程中仍存在一些问题亟待解决。本章实证研究部分折射出现实状况，下面就五种外源融资的具体问题进行解析。

一　股权融资市场偏好明显

我国资本市场正不断完善，《深圳证券交易所市场统计年鉴2019》显示，2019 年中小板和创业板的证券成交份额都已经超过主板 A、B 股（见图 6-2），资本市场的融资环境对于战略性新兴产业，特别是中小企业越发友好，能够坚定中小企业的研发信心，本章的实证结果也证实了这一情况。

然而，资本市场对七大战略性新兴产业的支持力度并不相同，七大战略性新兴产业中，高端装备产业股权融资最高，其次是新能源产业和新能源汽车产业，新材料产业和节能环保产业的股权融资最少（见图 6-3）。

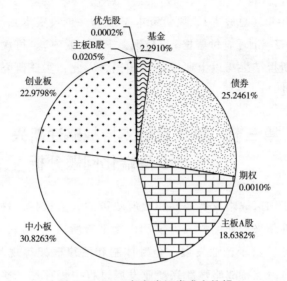

图 6-2 2019 年各类证券成交份额

资料来源：《深圳证券交易所市场统计年鉴 2019》，第 23 页，http：//docs. static. szse. cn/www/market/periodical/year/W020200915561210151829. pdf。

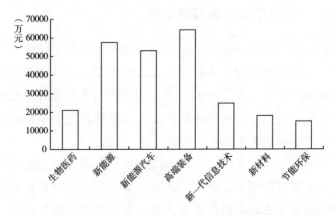

图 6-3 2020 年战略性新兴产业股权融资情况

资料来源：根据 247 家样本企业数据计算所得。

此外，主板、中小板和创业板对战略性新兴产业的支持各有偏好。表6-5统计了深圳证券交易所主板、中小板和创业板的市值前10名的股票，其中，主板市场和中小板市场市值前10名中分别有4家企业属于战略性新兴产业，其他6家企业属于传统产业，创业板市场市值前10名中有9家企业属于战略性新兴产业。

表6-5　2019年资本市场各层级助力战略性新兴产业发展情况

单位：亿元，%

中小板产业	股票名称	市价总值	市场份额	创业板产业	股票名称	市价总值	市场份额
电子设备	海康威视	30.60	3.10	电气机械	宁德时代	23.50	3.83
电子设备	立讯精密	19.58	1.98	专用设备	迈瑞医疗	22.11	3.60
畜牧	牧原股份	19.20	1.95	畜牧	温氏股份	17.85	2.91
酒	洋河股份	16.65	1.69	生物医药	爱尔眼科	12.25	2.00
邮政	顺丰控股	16.42	1.66	互联网	东方财富	10.59	1.73
金融服务	宁波银行	15.84	1.61	生物医药	智飞生物	7.95	1.30
新能源	中国广核	14.16	1.44	信息技术	芒果超媒	6.22	1.01
教育	中公教育	11.03	1.12	专用设备	乐普医疗	5.89	0.96
电子设备	鹏鼎控股	10.38	1.05	电子设备	蓝思科技	5.87	0.96
金融服务	国信证券	10.29	1.04	信息技术	同花顺	5.87	0.96
主板产业	股票名称	市价总值	市场份额	主板产业	股票名称	市价总值	市场份额
酒	五粮液	51.63	6.67	房地产	招商蛇口	15.73	2.03
电器制造	美的集团	40.61	5.25	电子设备	京东方A	15.37	1.99
电器制造	格力电器	39.45	5.10	酒	泸州老窖	12.70	1.64
金融服务	平安银行	31.92	4.13	电子设备	中兴通讯	12.29	1.59
房地产	万科A	31.29	4.04	金融服务	申万宏源	11.54	1.49

资料来源：《深圳证券交易所市场统计年鉴2019》，第80、136、194页，http://docs. static. szse. cn/www/market/periodical/year/W020200915561210151829. pdf。

上海证券交易所对战略性新兴产业的支持同样以科创板为主力，2021 年 1 月 15 日，科创板市值前 10 名都属于战略性新兴产业，分别为金山办公、传音控股、中芯国际、澜起科技、中微公司、沪硅产业、华润微、奇安信、石头科技和华熙生物，10 家企业的总市值占科创板总市值的 31.06%，其中，前 4 家企业的总市值均超过了 1100 亿元。① 可见，资本市场对战略性新兴产业的支持具有选择性和集中性。

二　政府资金使用效率较低

政府资金对战略性新兴产业发展的支持一直保持稳中有升的态势，总体上向新一代信息技术产业、新能源汽车产业和高端装备产业倾斜（见图 6-4），本章就以这 3 个产业为例分析政府资金在战略性新兴产业高端化中的作用。

政府对战略性新兴产业的资金支持主要包括政府补助/拨款、递延所得税和其他类型的税费减免。由图 6-4 可知，新能源汽车产业获得的政府补助/拨款最多，2015 年新能源汽车企业获得政府补助/拨款的均值为 29644 万元，2018 年超过了 42000 万元，而 2019 年均值更是达到了 46039 万元。这主要是因为，首先，积极扶持新能源汽车的发展能够为我国的节能减排、低碳科技和清洁能源等发展目标助力；其次，新能源汽车的许多技术性问题尚待继续突破，包括动力电池维护成本、动力电池低温衰减、配套充电设施等；最后，新能源汽车的发展前景广阔，例如即将推出的氢发动机汽车等，需要大量的研发资金和人力投入。

---

① 上海证券交易所网站，http：//www.sse.com.cn/market/stockdata/marketvalue/。

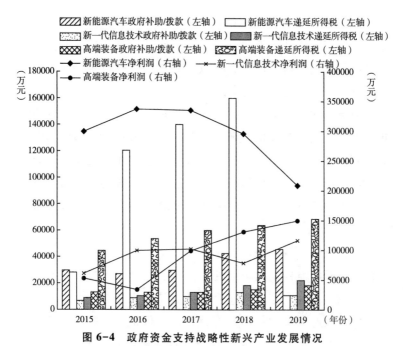

图6-4　政府资金支持战略性新兴产业发展情况

资料来源：根据三大战略性新兴产业的样本企业2016～2020年年报数据整理所得。

2016～2018年新能源汽车产业获得了最多的递延所得税支持，其次是高端装备产业，新一代信息技术产业所获得的递延所得税也呈逐年增长的趋势。新一代信息技术产业涵盖通信网络、物联网、高性能集成电路和云计算等领域，并辐射诸多产业的不同产业链环节，此外，新一代信息技术的发展还关乎国家信息安全。鉴于新一代信息技术产业的"软件"研发特点，国家财政在递延所得税和其他税费减免方面均给予了其大量的让步。

高端装备产业属于"硬件"和"软件"同步发展的产业，既有大宗固定资产需要更新换代，又有核心技术问题和关键零部件需要研发突破，因此，在政府补助和拨款以及递延所得税方面都获得了政府的持续支持。

但是，政府支持资金的使用效率并不高。例如，2015~2018年，新能源汽车产业的递延所得税和政府补助/拨款增长明显，而净利润却自 2016 年起持续下滑，主营业务收入在 2017~2019年也不算稳定。新一代信息技术产业获得的各类政府资金支持在近五年内都持续增长，但是净利润在 2018 年下降，主营业务收入在 2019 年甚至有断崖式下降的现象。

追根究底，主要原因在于 3 个方面。其一是惯性，包括领域惯性和时间惯性。领域惯性是指政府资金大多投向国有大中型企业和上市公司，对中小企业的支持力度相对较小；时间惯性指的是政府资金的投向具有持续性，每年所支持的企业大致相同。其二是精准度，政府资金的投向精准度欠佳，或者说，尚没有科学权威的指标体系和指南。其三是绩效，实证研究结果显示，政府的财政补助、拨款和税费减免对于战略性新兴产业全要素生产率和创新能力的提高并没有推动作用。

三　科技信贷结构期限错配

我国是以银行为主导的金融体系，为支持战略性新兴产业高端化，我国主要商业银行均推出了创新业务，并逐渐向中小微企业聚焦。

中国工商银行重点支持幸福产业、先进制造产业和物联网产业，2019 年末，"跨境贷"为 15 万家进出口型小微企业提供超 1500 亿元的授信。[1] 2020 年 6 月末，普惠型小微企业贷款余额为 6399. 29 亿元，比年初增加 1684. 08 亿元，增长 35. 7%。[2]"云闪贷"、"结算贷"、"商户贷"和"聚富通"等产品不断推出，帮助小微客户实现数字化转型。2019 年末，中国建设银行战略性新兴产业贷款余额为 5335. 51 亿元，增幅 38. 38%；网络供应链合作平台达 2659 家，累计向 6. 50 万家企业发放 8799. 27 亿元网络供应链融资。[3] 中国农业银行 2019 年与 757 家国企混改重点客户建立合作关系，重点扶持 309 家央企和地方骨干企业成长；支持产业升级，制造业客户数量和贷款金额较 2018 年分别增长 4. 5 万家和 710 亿元。2019 年中国农业银行绿色信贷余额为 11910 亿元。[4] 中国银行积极推进"中小企业跨境撮合服务"，自 2014 年以来，累计筹办 61 场次，帮助全球 125 个国家或地区的 3 万家企业达成交易、投资和技术合作。[5]

虽然，商业银行体系对战略性新兴产业的支持力度逐渐加大，但是，从结构上来看，仍存在产业间失衡和期限错配的问

---

[1] 《中国工商银行股份有限公司 2019 年度报告》，第 41 页，http：//v. icbc. com. cn/userfiles/Resources/ICBCLTD/download/2020/920200328. pdf。

[2] 《中国工商银行股份有限公司 2020 半年度报告》，第 28 页，http：//v. icbc. com. cn/userfiles/Resources/ICBCLTD/download/2020/bnA20200923. pdf。

[3] 《中国建设银行股份有限公司 2019 年年度报告》，第 40 页，http：//www. ccb. com/cn/investor/20200329＿1585474539/20200330202651881643. pdf。

[4] 《中国农业银行 2019 年年度报告（A 股）》，第 35、41 页，http：//www. abchina. com/cn/AboutABC/investor＿relations/report/am/202003/t20200330＿1878191. htm。

[5] 《中国银行 2019 年年度报告（A 股印刷版）》，第 39 页，https：//www. boc. cn/investor/ir3/202004/t20200427＿17793570. html。

题。由图 6-5 可知，科技信贷主要投向新能源产业、高端装备产业和新能源汽车产业，节能环保产业、新材料产业和生物医药产业获得的科技信贷资金较少。究其原因，主要是因为商业银行体系一直坚持稳健经营的原则，新能源产业、高端装备产业和新能源汽车产业都属于重工业，固定资产较多，实力雄厚。而节能环保产业、新材料产业和生物医药产业的中小企业占比较大，市场前景不明朗，产品更新换代频繁，降低了商业银行的贷款意愿。

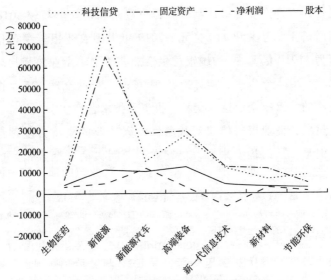

图 6-5　战略性新兴产业科技信贷情况

资料来源：根据 247 家样本企业数据计算所得。

理论上，长期贷款有利于企业发展，而短期贷款容易造成财务杠杆压力，甚至会导致企业破产。然而，图 6-6 中，只有新能源产业的长期借款数额远远高于短期借款，节能环保产业的长期借款数额略高于短期借款，其他 5 个产业的长期借款均小于短期借款，总体来看，我国战略性新兴产业借贷期限结构不够合理，存在一定的财务风险。

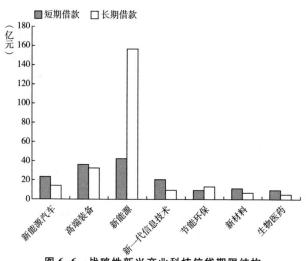

图 6-6　战略性新兴产业科技信贷期限结构

资料来源：根据 247 家样本企业数据计算所得。

四　风险资本缺乏制度规范

随着我国经济的崛起，国内外风险投资（VC）的热情也日益增长。2018 年，外国风险投资向我国投了 351 个项目，投资总量为 108 亿美元，同比增长 50%[①]；国内风险投资交易额更

[①] 《2018 年全球 CVC 行业发展现状与市场趋势分析 全球企业风险投资活跃【组图】》，前瞻经济学人网站，2019 年 6 月 8 日，https：//www.qianzhan. com/analyst/detail/220/190605-e480dc8f. html。

甚，达 705 亿美元。根据《2019 胡润全球独角兽榜》，全球共有494 家独角兽企业，其中 206 家在中国。[①]

截至 2020 年 6 月底，中国 CVC 机构数量为 727 家[②]，投资阶段逐步趋向 A 轮和战略投资（见图 6-7 右图）。从产业集中度来看，风险资本的投向呈现"扎堆"效应（见图 6-7 左图）。2019 年，VC 主要投向了计算机领域、生物医药和原材料产业。2020 年第一季度，全球知名 VC 支持的公司中成功上市且募资总额超过 1 亿美元的有 7 家，其中 6 家属于生物医药产业，1 家属于制造业[③]，可能 VC 投向或多或少受到新冠肺炎疫情的影响。

从区域分布来看，VC 偏向于投资经济实力雄厚的省份，2020 年初，北京、上海、广东、江苏、浙江备案的 VC 基金项目占全国的 80%，资本总量占全国的 74%。[④]

虽然风险投资发展趋势较好，但仍存在一些因素影响 VC 资本与产业高端化对接，主要原因有四点。

第一，高技术企业的估值很难精确，例如，华润医药 2019 年 9 月上市，该公司的 IPO 估值比最近的 E 轮非上市股票发行

① 《2020 年全球独角兽企业发展现状分析 中国数量估值均全球领先》，雪球网，2020 年 4 月 17 日，https：//xueqiu.com/8302426719/147131219。
② 《「行业洞察」2020 年中国企业风险投资（CVC）发展报告（简版）》，"融资中国"百家号，2020 年 7 月 24 日，https：//baijiahao.baidu.com/s?id=1673077103015124124&wfr=spider&for=pc。
③ 《一文带你了解 2020 年一季度全球风险投资市场现状及发展趋势分析 风险投资交易降温【组图】》，前瞻经济学人网站，2020 年 5 月 19 日，https：//www.qianzhan.com/analyst/detail/220/200518-2fb01404.html。
④ GVCC 2020 年 5 月发布的《全球创投风投行业年度白皮书（2020）》。

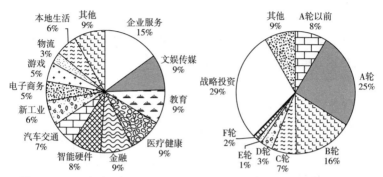

图 6-7　2019 年中国 CVC 投资行业分布（左图）与轮次分布（右图）

资料来源：《「行业洞察」2020 年中国企业风险投资（CVC）发展报告（简版）》，"融资中国"百家号，2020 年 7 月 24 日，https：//baijiahao.baidu.com/s？id=1673077103015124124&wfr=spider&for=pc。

高出 19%，比 A 轮高出 18 倍。再如，众安在线的 P&C 保险公司上市前获得了 57.8 亿元的投资，上市后股价下跌 55%。第二，2018 年初，监管新规限制了资本的流动和退出，打乱了 VC 们的战略。第三，知识产权保护不到位，自主创新与简单仿制界定模糊，使得 VC 们认为市场前景存疑。第四，风险投资制度规范缺失导致市场盲目性凸显。

五　商业信用融资链条断裂

严格意义上，商业信用融资并不能归类为科技金融，因为商业信用融资主要是为了拓展市场而非研发。但是，应付账款、预收账款和应付票据的使用都能够为企业节约资金，从而积聚资金投向研发部门。基于此，本章将商业信用融资也纳入研究范围。

由于产业间的异质性，高端装备产业、新能源产业和新材

料产业获得了相对多的商业信用融资（见图 6-8），主要是因为
这三个产业在我国的发展势头迅猛，产业链较为健全。就融资
方式而言，样本企业更多采用应付账款的形式进行资金融通，
其次是预收账款，应付票据的金额相对较少。

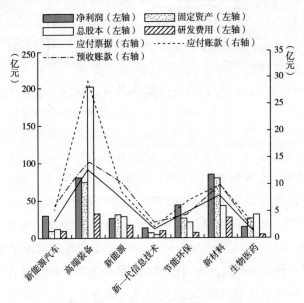

图 6-8　我国战略性新兴产业商业信用融资情况
资料来源：根据 247 家样本企业数据计算所得。

　　产业链断裂是我国商业信用融资模式发展迟缓的主要原因。
以采用商业信用融资最少的新一代信息技术产业和生物医药产
业为例，我国新一代信息技术产业发展势头迅猛，但是关键技
术仍未达到国际水平，高端芯片、核心元器件受制于美国，功
率放大器受制于欧美，高速光器件研发未果，5G、AI 等核心技

术水平有待进一步提升，产业链的关键环节缺位；生物医药产业至今以欧美为主导，美国的生物基产品部门生产至少 40000 种生物基产品，欧盟在 2014～2020 年投入 36.75 亿欧元弥补技术成果转化空白。我国生物医药产业各领域发展不均衡，大宗发酵产品世界第一，但是生物天然气工程规模较小，在核心菌种和关键酶上受制于人，尚未形成完善的产业体系。[1] 总体而言，我国战略性新兴产业的产业链尚不连贯，也未形成稳固的价值链和科技链。

第四节　科技金融支持战略性新兴产业高端化着力点定位

基于以上分析，科技金融支持战略性新兴产业高端化发展应当根据融资模式中的重点薄弱环节着力改进，盘活科技金融资源，提高科技金融绩效，优化科技金融环境。

一　资本市场着力于机制健全

在推广注册制的背景下，我国资本市场还需要各领域的机制配套，以完善监管体系，规范市场运行，主要包括完善新股发行定价机制、违规造假惩处机制、教育机制和金融中介体系。

上市公司精准的估值定价是资本市场平稳运行、资金有效配置的前提。我国科创板目前仍采用传统的价值评估方式进行

---

[1]　陈辉、吴梦菲：《新三板资本市场质量评估与改革政策研究》，《金融监管研究》2020 年第 2 期，第 67～84 页。

估值定价，最常用的是 P/E 法。虽然市盈率法简单易行，却忽略了行业因素、公司成长因素、科研因素、市场拓展因素以及市场竞争变化因素等。因此，建立科学灵活的定价机制势在必行。科创板和创业板是支持战略性新兴产业高端化的中坚力量，建议在科创板和创业板建立若干种上市公司的估值模型，例如 PS 法、EVA 法、PE 法、PB 法、EV/EBITDA 法等，明确价值评估方法选择路径。综合考虑公司的产业属性、科创属性、竞争属性、周期属性、市场属性和客户黏性等，建立指标体系，根据产业的不同特性植入异质性指标和差别化权重。加强科创板和创业板发行定价的系统性研究和应用性实践，并不断完善。

科创板目前已制定了"史上最严"的退市制度。但是，退市制度仅限"止损"，追责制度才能"补偿"。因此，资本市场需要建立惩处机制，严禁违法获利，保障投资权益。追责机制包括追责主体、追责对象、追责依据、追责程序、追责结果认定等环节，首先应保证有法可依，而后保障追责速度和效率，最后通过集体诉讼制度引入市场监管力量，最大限度地保护弱势群体的合法权益。在严惩之外，更重要的是教育和科普。理论上，实行注册制的一个重要前提就是投资者素质的普遍提高，加强现存和潜在市场主体的金融和法制教育，普及资本市场知识，从根本上减少违法违规行为，优化市场氛围。

积极推进建设资本市场金融中介体系，特别是信用评级机构和做市商制度。在评级机构的建设方面，应着眼于人才培养与引进、评级方式改进、评级产品创新以及附加服务的推出等。我国资本市场的做市商数量并不多。有学者称，我国新三板市场一半以上的挂牌企业的做市商数仅为 3 家，而 NASDAQ 的平均做市商数量为 11 家。[①] 做市商制度能够稳定资本市场的价格，在一定程度上提高股票的流动性。推进做市商制度可以从适当放松做市商牌照管理、减少做市商做市的标的股限制、放宽做市价差等方面着手，例如，可以考虑在修订 2019 年发布的交易规则时，将相对有效价差的限制由当前的 5% 扩大到 8% 或 10%。

二　政府资金着力于"滴灌"绩效

财政资金的支持是产业高端化的"定心丸"和"强心剂"，财政资金的风向标作用还能吸引更多的社会资本，使产业高端化获得持续的资金。但是，我国财政资金的使用绩效尚需进一步提高。

2020 年 6 月，《人民日报》提出"资金如水，需精准调控"。[②] 财政资金的"精准滴灌"应着力于"预算"与"考核"。首先，财政预算应建立在对当前产业高端化发展评价以及上一期资金使用效率考核结果的基础上。政府相关部门应充分与国家智库以及各类财经研究院合作，充分了解战略性新兴产业高端化的节奏与愿景，切实考察产业高端化的资金困境和需求环节，在产业链核心技术领域和"微笑曲线"的两端加大资金投入力度。例如，生物医药产业的工业菌种、催化剂、关键酶、基因组编辑工具 CRISPR/Cas9 的研发与生产环节；高端装备产业的高档数控机床主机的高端部件、空间科学卫星、先进增材

---

① 陈辉、吴梦菲：《新三板资本市场质量评估与改革政策研究》，《金融监管研究》2020 年第 2 期，第 67~84 页。

② 《确保金融活水"精准滴灌"到位》，中央人民政府网，2020 年 6 月 15 日，http://www.gov.cn/xinwen/2020-06/15/content_5519453.htm。

制造的共性技术研发等方面；新一代信息技术产业的 5G、AI、云计算、智能网联汽车和高端芯片等领域；节能环保产业的煤炭清洁高效利用技术、能源互联网技术、CAP 1400 主泵研制等项目的攻关。

其次，注重财政资金使用效率的考核，考核侧重三个方面，一是考核指标的建立，二是考核部门的选择，三是考核结果的裁决。考核指标的建立可以各产业为中心，分别组建由政府部门、产业研究专家、领军龙头企业和上下游关联企业组成的"指标评定小组"，根据产业的发展特点和高端化需求，设计复合式指标体系。指标体系应当同时具备定性评估和定量测算功能，包含常态化指标和动态化指标，具有国际横向对比和时间纵向环比作用。最重要的是，指标体系应当具有选择优质企业和淘汰劣质企业的功能。此外，"指标评定小组"和考核结果应接受第三方独立机构的再考核。考核部门的选择同时又是财政资金主要投向部门的选择，应将顺全产业链的脉络，找出价值链和科技链中的关键环节和核心领域，作为重要的考核部门。考核结果应当充分考虑技术研发与市场拓展的联动性，并设计财政资金的退出机制。对于考核结果不理想的部门，责令其在一定期限内给予解释和整改，二次考核不合格的部门，则逐步减小财政资金的支持力度，直到停止对其的财政资金补贴。

三　科技信贷着力于控制风险

科技信贷产业间失衡和期限错配的问题，归根结底还是源于信息不对称。信息不对称造成逆向选择和道德风险，使得银行体系惜贷，或者缩短贷款期限。因而，科技信贷支持战略性新兴产业高端化应主要着力于控制风险。

银行体系控制风险的着力点在于信息生产、风险分散和风险预警。信息生产不仅仅是简单地搜集信息，还包括信息加工和输出。信息搜集可以通过"主银行制度"、贷款专业化和中介公司来获得。其中，"主银行制度"是借鉴德国和日本的经验，将商业银行与高新技术企业——捆绑，相互持股，增加银企互信度，建立长期银企合作关系，在有利于企业获得科技信贷的同时减少银行的不良贷款率。贷款专业化要求不同的银行专门贷款给特定产业的企业，例如，中国工商银行专注于新能源汽车产业和生物医药产业，中国建设银行专注于新材料产业，中国银行则主要贷款给高端装备产业。贷款专业化既有利于商业银行专攻特定产业的研究，进行信息生产，也有利于实现风险分散，降低整个银行体系的系统性风险。此外，还可以通过与专业的研究院合作，获得产业发展信息。

分散风险的主要形式是银团贷款，对国家重大研发项目和重点攻关技术领域实行国内/国际银团贷款，分散单个银行的风险。此外，适当的政府托底、健全的担保体系也能够有效地分散银行体系的风险，鼓励银行增加科技信贷。

有效的风险预警机制能够快速捕捉风险点，及时止损。权威的金融、产业统计数据库和强大的信息技术系统是建立风险预警机制的基础。此外，风险预警机制还应包括科学的评价方法、恰当的度量模型等，对战略性新兴产业贷款进行风险点实时监控、危机模拟、全面风险预防和控制。

此外，各级政府可以从政策引导、财税补贴、信息平台建设和政银企合作等方面着手，鼓励科技信贷支持战略性新兴产业高端化。

四　风险资本着力于稳定信心

目前我国的风险投资呈现集中于大型城市、扎堆于少数产业和投资于中后期的特征，这主要是受疫情的影响，并且囿于高新企业的估值与创新难以精确衡量。随着科技的进步，战略性新兴产业不断出现融合创新、迭代创新、系统创新、微创新等新形势，大大增加了风险投资机构的辨识难度。此外，由于知识产权法律体系不健全，一些高仿常常冲击创新技术，给企业带来潜在的技术风险和市场风险，降低了 VC 和 PE 们的投资热情。因此，稳定风险资本投向战略性新兴产业高端化的信心是关键点。

首先，完善知识产权法律体系，加大对违法行为的惩处力度，保障技术研发成果的转化收益是稳定风险资本机构信心的先决条件。2020 年 12 月，习近平总书记特别强调，加快完善相关法律法规，统筹推进专利法、商标法、著作权法、反垄断法、科学技术进步法等修订工作。要强化知识产权全链条保护。要从审查授权、行政执法、司法保护、仲裁调解、行业自律、公民诚信等环节完善保护体系。[①]

其次，建立健全战略性新兴产业前沿技术和核心课题交流平台是推进创业资本投向产业高端化的基石。风险投资虽然秉承"高风险、高收益"的理念，但是在实际操作中，风险投资

---

① 《习近平：全面加强知识产权保护》，半月谈官网，2020 年 12 月 2 日，http：//www.banyuetan.org/yw/detail/20201202/100020003313744160
6870011971053030_1.html。

是理性的选择，而不是消极的赌博。建立信息交流平台能够从根本上降低信息不对称程度，提升风险资本与产业高端化的契合度，减少资本供给双方的搜寻成本。具体而言，信息交流平台要以科技研发与信息交流为主要目的，以战略性新兴产业为中心，统筹核心技术、关键部件、产业链关键节点、科技链全景、价值链脉络以及国家间差距的权威信息，涵盖专家点评、研究报告、企业家观点和风险资本对接端口等主要版块，组织产业专家、政府部门、企业高管、高校研究员和评估机构定期维护，更新资料和数据，设置专职机构保证信息平台发布内容的真实性、准确性和完整性。

最后，鼓励地方政府设立创投基金并与 VC/PE 建立 PPP 合作关系，设计政府对于 VC/PE 的"放、管、服"细则，以政府资金部分兜底为基础，增强风险资本机构的信心，引导风险资本投向二线、三线城市的战略性新兴产业，加大中小城市龙头企业的科研投入，以加快产业升级为目的，聚焦产业高端化的关键突破口，以点带面，提升战略性新兴产业链条薄弱环节的核心竞争力。投资回报周期和分红结构等条款的设置往往会干扰创新企业的战略发展思路，VC 基金投资的期限性与企业研发的持续性所造成的期限错配往往会扰乱创新节奏，扭曲创新方向。① 政府应鼓励行业优质企业建立附属 CVC 机构，多投资行

---

① Fabio Bertoni, Massimo G. Colombo, Anita Quas, "The Role of Governmental Venture Capital in the Venture Capital Ecosystem: An Organizational Ecology Perspective," *Entrepreneurship: Theory and Practice* 43 (2019): 611 - 628; Jean-Noel Barrot, "Investor Horizon and the Life Cycle of Innovative Firms: Evidence from Venture Capital," *Management Science* 63 (2016): 2773 - 3145.

业内或产业链上游的小微企业，以促进行业和相关产业链的整体发展①，并设计制度体系保障企业风险投资资金链不断裂。

五　商业信用着力于重塑链条

商业信用的发展本质上取决于上下游企业之间的信任度。稳固商业信用链可以从两方面着手：重塑价值链和抢占创新链。

疫情防控常态化时期，全球生产链断裂、价值链短化、创新链停摆，发达国家意识到全球分工的潜在风险和产业链弹性的重要性，并采取了逆全球化和阻碍产业链发展的多种手段。基于此，我国应以"国家安全和发展"为根本目标重塑价值链和科技链的战略布局与发展规划。

首先，依托当前的产业发展集群，包括京津冀、长江经济带、粤港澳大湾区等，打造区域价值链和科技链，梳理实体经济发展脉络和产业升级需求，弱化对国外经济的依赖，以内循环为主要引擎，将价值链发展重点从"扩链"向"补链"转化，化解低端制造业市场成本优势的冲击；将科技链的发展重点从"引链"向"强链"转化，突破高端制造业技术封锁的困境，着力打造上中下游产业链的创新制高点。

其次，依托"一带一路"建设平台，携手共建"一带一路"国家培育新市场、打造新联通、共建新秩序。强化新合作伙伴之间的交流与合作，拓展共建"一带一路"国家产业合作

---

① 赵婉婷：《高新技术企业风险投资退出机制的国际比较》，《财会通讯》2020年第12期，第156~160页。

的广度和深度①，建立科技互助平台、专利共享平台和项目合作平台，整合国际科技资源攻克重大攻关项目，加强"微笑曲线"两端的合作，以市场倒逼科研，以需求反哺创新，重塑国际价值链和科技链的分工与合作。

再次，优化价值链和科技链建设的生态环境，考察价值链和科技链的升级条件，加强基础设施和制度建设，统筹优秀人才、资金和技术的配给与运用，推进行业协会、商会自治自律，明确行业规范、行业战略，将政府扶持与市场定位相结合，打造集人才链、信息链、服务链、供应链于一体的生态环境，为价值链和科技链的建设奠定基础。

最后，利用互联网、区块链、大数据、云计算等拓展产业链，大力发展在制造业发展战略下的各项人工智能、物联网技术②，尽快将数字技术融入战略性新兴产业发展进程中，以新一代科技革命提升战略性新兴产业的创新能力和核心竞争力。

---

① 郭宏、伦蕊：《新冠肺炎疫情下全球产业链重构趋势及中国应对》，《中州学刊》2021 年第 1 期，第 31~38 页。

② 徐兰、刘慧：《逆全球化背景下提升制造业全球价值链地位的路径探讨》，《对外经贸实务》2021 年第 1 期，第 25~28 页。

第七章

战略性新兴产业发展异质性
与科技金融匹配度分析

实体经济发展奠定国家富强基础，技术创新能力掌舵产业革命未来，为实现强国目标，应加快战略性新兴产业的发展。目前我国七大战略性新兴产业总体上稳步发展，然而由于研发进度、产业总值、市场拓展和国际环境等多方面因素的影响，七大战略性新兴产业发展速度与广度迥异，呈现出显著的异质性特征。同时，在产业发展过程中仍存在一些瓶颈制约因素，其中，资金是主要制约因素之一。

在现有的文献中，产业异质性的研究样本多以全行业或者制造业为采集来源，对于战略性新兴产业的融资模式研究则多偏向于选择创新能力作为着眼点，分析产业异质性与融资模式匹配度的文献尚未发现。基于此，本章从七大战略性新兴产业的异质性分析出发，探析各产业的融资特点和融资需求，归纳战略性新兴产业的融资问题，并提出基于产业异质性的融资模式匹配及优化方案。

第一节　战略性新兴产业异质性分析

党的十九大报告指出，我国经济已进入高质量发展阶段，七大战略性新兴产业顺应经济发展潮流，突显出强大的生命力和异质性的发展轨迹。学者们对于产业异质性的划分多以生产率[①]或者产品属性[②]为依据，但七大战略性新兴产业同属于战略性高新技术产业，在产业性质、发展定位、产品属性等方面存在许多共性，并且基于本书融资问题分析目的，本章选择产业规模、技术创新以及国际竞争力作为异质性指标进行分析，比较产业间差异，并以此归纳最优融资模式。

按照国家统计局发布的《战略性新兴产业分类（2018）》，我国战略性新兴产业包括新一代信息技术产业、高端装备制造产业（本书表述为高端装备产业）、新材料产业、生物产业（本书表述为生物医药产业）、新能源汽车产业、新能源产业、节能

[①] 周敏：《创新绩效与高新技术企业出口行为关系研究——基于企业异质性理论视角》，《理论月刊》2016 年第 7 期，第 119～129 页；尹丽琴：《我国高技术制造业行业异质性与发展能力研究》，硕士学位论文，山西财经大学，2017。

[②] 高晓光：《中国高技术产业创新效率影响因素的空间异质效应——基于地理加权回归模型的实证研究》《世界地理研究》2016 年第 4 期，第 122～131 页。

环保产业、数字创意产业和相关服务业。① 本章以前七大产业为研究对象，具体指标见表7-1。

表7-1 战略性新兴产业部分指标

产业类型	净利润（亿元）	总资产超100亿元的公司占比（％）	总资产超500亿元的公司占比（％）	总股本（亿股）	无形资产（亿元）
新材料	209.75	23.53	11.76	108.05	98.09
高端装备	113.59	70.59	23.53	278.96	213.13
节能环保	62.48	82.35	17.65	186.58	713.24
新一代信息技术	52.50	25.00	6.25	102.05	28.10
生物医药	172.22	63.16	10.53	135.40	168.88
新能源	244.50	50.00	28.57	538.11	1652.89
新能源汽车	335.46	70.00	15.00	232.22	126.44

注：第2、5、6列为样本公司中前五名总额；第3~4列为总资产超过100亿元或500亿元的公司占该产业样本公司总数的比例。

资料来源：120家样本公司2019年年报。

从表7-1可以看出，七大战略性新兴产业按照规模和创新能力可以大致分为三个梯队，第一梯队包括高端装备产业、节能环保产业和新能源产业，产业特征是资产规模较大，股本数量多，无形资产的金额较高。其中，高端装备产业样本公司中净利润排名前五位的总和为113.59亿元，节能环保产业样本公

① 《战略性新兴产业分类（2018）》（国家统计局令第23号），国家统计局网站，2018年11月26日，http：//www.stats.gov.cn/tjgz/tzgb/201811/t20181126_1635848.html。

司中净利润排名前五位的总和为 62.48 亿元，新能源产业为 244.50 亿元；高端装备产业样本公司总资产超 100 亿元的公司占比为 70.59%，节能环保产业和新能源产业分别为 82.35% 和 50.00%，而总资产超 500 亿元的公司占比这三个产业分别为 23.53%、17.65% 和 28.57%。无形资产能够显示产业的自主创新能力和品牌认可度，第一梯队产业的无形资产金额也是最高的，分别为 213.13 亿元、713.24 亿元和 1652.89 亿元。在国际竞争力方面，第一梯队依然在国际市场中初露锋芒，以高端装备产业为例，在全球最大机床进出口国排名中，我国已经与美国、德国、日本等国稳居世界前七名的位置，而在整体机床产量方面，我国已达世界第一。在成型制造技术装备领域，我国也具备相当强的实力，占据全球成型技术市场份额的 33.4%。中国航天科技集团公布，我国将分两个阶段推动航天强国建设，到 2030 年，跻身航天强国前列；到 2045 年，全面建成世界航天强国。[①]

　　第二梯队包括生物医药和新能源汽车两个产业，该产业样本公司中净利润排名前五位的总和分别为 172.22 亿元和 335.46 亿元，总资产超 100 亿元的公司占比分别为 63.16% 和 70.00%，无形资产的金额也相对较少，分别为 168.88 亿元和 126.44 亿元。近年来，生物医药产业和新能源汽车产业发展速度较快，但是国际竞争力并不强。2017 年我国生物医药产业市场规模为 3417.19 亿元。目前全球生物技术公司的 76% 集中在欧美，欧美

---

① 中国工程科技发展战略研究院：《2019 中国战略性新兴产业发展报告》，科学出版社，2018，第 84、116、120、153、356、360 页。

公司的销售额占全球的 93%。① 2018 年全球新能源乘用车共销售 200.1 万辆，中国市场支撑了半壁江山。2019 年上半年国内新能源汽车销售 61.7 万辆，同比增长 49.6%。然而，在中国、美国、德国、日本、韩国五国中，中国新能源汽车产业整体竞争力排名第三，而基础竞争力和企业竞争力排名都是第五。②

第三梯队包括新材料产业和新一代信息技术产业，这两个产业样本公司净利润排名前五位的总和分别为 209.75 亿元和 52.50 亿元，总资产超 100 亿元的公司占比均不超过 25%，无形资产的金额均少于 100 亿元。第三梯队产业的股本数量也相对较少，排名前五位的公司股本总和都在 110 亿股以下，远远少于第一梯队的产业。此外，这两个产业的国际竞争力都相对较弱，2017 年我国集成电路进口额为 2601.4 亿美元，同比增长 14.6%。目前我国高端光通信器件几乎完全由美日厂商主导，超过 60% 的防火墙、加密机及通信骨干网络设备中的 70%~80% 的网络设备来自进口，进口网络设备几乎涵盖了信息化应用的各个环节。再以新材料产业中的合成橡胶行业为例，我国是合成橡胶大国，但并不是合成橡胶强国，2017 年我国消费合成橡胶 478 万吨，自产 355 万吨，大部分是中低端牌号产品；进口 161 万吨，大部分属于高端牌号合成橡胶。③

① 《2018 年中国生物医药行业发展现状及未来发展趋势分析【图】》，产业信息网，2018 年 8 月 16 日，https://www.chyxx.com/industry/201808/667957. html。

② 《国际评级：2019 中国新能源汽车发展产业报告》，搜狐网，2019 年 9 月 24 日，http://www.sohu.com/a/343120824_678306。

③ 中国工程科技发展战略研究院：《2019 中国战略性新兴产业发展报告》，科学出版社，2018，第 84、116、120、153、356、360 页。

第二节　战略性新兴产业最优融资模式分析

基于以上分析可以看出，第一梯队的三个产业资产规模较大，股本数量较多，盈利能力和创新能力都较强，在国际市场上也具备一定的竞争优势。从产业生命周期理论分析，第一梯队的产业处于成长期末期和成熟期初期，拥有一定规模的自有资金和固定资产，无论是从银行借贷还是从资本市场融资，都具有较强的可操作性。从产业发展的角度来看，第一梯队产业多属于重工业，固定资产占比较高，技术创新导致的更新换代以及市场开拓都需要大量资金的支持，因此，这三个产业应偏向于股权融资和债权融资，并且基于产业链条的完善度，可采用商业信用融资模式减少融资成本。

第二梯队的产业中公司分化情况较为严重，例如，生物医药产业的 19 家样本公司中，上海医药和复星医药的总资产分别为 1268 亿元和 705 亿元，另有 10 家公司的总资产为 100 亿~350 亿元，其余公司的总资产都在 80 亿元以下；在净利润方面，有 4 家公司净利润为 30 亿~45 亿元，其余公司的净利润几乎都在 10 亿元以下。新能源汽车产业也是一样，除了格力电器资产为 2512 亿元、东旭光电资产为 725 亿元之外，20 家样本公司中有 12 家公司的资产为 100 亿~200 亿元，其余公司资产都在 100 亿元以下；从净利润方面来看，除了格力电器净利润为 263 亿元之外，有 5 家公司净利润为 10 亿~25 亿元，其余公司的净利润都在 8 亿元以下，其中还包括 4 家净利润为负的公司。可见，第二梯队的产业按照发展情况可以分为两类：一类是诸如格力电器和东旭光电的公司，发展较为成熟，融资需求可参照第一梯队产业，可采用的融资模式主要是股权融资和债权融资；另一类是其余发展情况不佳的公司，处于成长期初期阶段，除了股权融资和债权融资之外，更需要一些风险资本、政府财政资金扶持。

第三梯队的产业总体上看资产规模较小，净利润数额也不多，例如新一代信息技术产业中，16家样本公司中只有1家公司的净利润为21.3亿元，14家公司的净利润都在10亿元及以下，另有1家公司亏损。新材料产业的17家样本公司中，只有4家公司的总资产超过了100亿元，有8家公司的总资产在50亿元以下。两个产业的无形资产金额都不多，加之第三梯队产业国际竞争力较弱，大部分核心技术和产品尚依赖进口。可以判断，这两个产业尚处于初创期和成长期初期，在研发领域和市场拓展领域所需要的资金数额较多，鉴于研发风险较大、收益不稳定，第三梯队产业更加需要风险资本和财政资金的大力支持。

第三节　我国战略性新兴产业融资模式实证研究

由于产业间的异质性，各产业所适合的融资模式也大相径庭，针对我国七大战略性新兴产业的融资模式匹配度，本章拟选择120家样本公司连续三年的数据进行实证研究，考察目前我国战略性新兴产业融资模式的匹配现状。

一　样本选择及数据来源

本章在已经上市的战略性新兴产业公司中抽选 200 家公司作为实证研究的样本公司，选择标准有三项：（1）隶属于我国七大战略性新兴产业；（2）在七大产业中适度均分公司数量；（3）适度考虑东西部区域间的经济差异，使得公司地理位置的分布趋于合理化。

基于以上三条选择标准，并排除已经 ST 和 *ST 的公司、财务报表指标选择不合理公司、财务报表少于三年和财务报表不连续公司、财务报表数据出现极端值公司，最后剩余 120 家样本公司，将其作为本章最终选用的样本公司。

实证所用的数据全部来源于 120 家上市公司官网 2017~2019 年 A 股年报中的资产负债表、现金流量表和损益表中的数据以及报表附注中的数据。

二　指标设计及变量描述

基于数据的可得性和合理性，本章选择净资产收益率（ROE）作为被解释变量，选择债权融资、股权融资、间接融资、财政支持、商业信用融资和风险资本融资六种主要的融资模式作为解释变量，考察三个梯队产业的融资模式效应，具体变量设计详见表 7-2。

表 7-2　变量设计

变量类型	变量	变量符号	计算公式
被解释变量	净资产收益率	ROE	ROE＝净利润/所有者权益×100%

变量类型	变量指标	变量符号	计算公式
解释变量	间接融资率	JK	JK=银行借款/总资产×100%
	债权融资率	ZQ	ZQ=应付债券/总资产×100%
	商业信用融资率	CF	CF=（应付票据+应付账款+预收账款）/总资产×100%
	财政融资率	CZ	CZ=（政府补助+拨款+递延所得税+其他税收减免）/总资产×100%
	股权融资率	GQ	GQ=（股本+资本公积）/总资产×100%
	风险资本融资率	FX	FX=（VC+PE）/总资产×100%

资料来源：笔者自行设计。

由于研究对象是 120 家样本公司的三个连续年度的数值，因此，七个变量各有 360 个观测值，经过 Stata 14 计量软件分析，可得变量描述性统计结果如表 7-3 所示。

表 7-3　变量描述性统计结果

变量	均值	标准差	最小值	最大值	观测值
ROE	0.3031595	0.496949	0	4.32	360
JK	0.1681111	0.1424313	0	1.11	360
ZQ	0.0197222	0.0890334	0	1.33	360
CF	0.1618889	0.1580444	0	1.79	360
CZ	0.0193838	0.0204077	0	0.2	360

续表

变量	均值	标准差	最小值	最大值	观测值
GQ	0.3243333	0.3201003	0	4.16	360
FX	0.0150556	0.1484291	0	2.39	360

资料来源：由 Stata 14 计量软件分析结果导出。

三 模型构建及实证结果

实证研究模型如下：

$$ROE_{i,y} = \beta_0 + \beta_1 JK_{i,y} + \beta_2 ZQ_{i,y} + \beta_3 CF_{i,y} + \beta_4 CZ_{i,y} +$$

$$\beta_5 GQ_{i,y} + \beta_6 FX_{i,y} + \varepsilon_{i,y} \tag{7-1}$$

其中，i 代表样本公司，y 代表年份，β_0 是常数项，$\varepsilon_{i,y}$ 代表随机误差项。

将三个梯队中的相关数据用 Stata 14 计量软件进行实证分析，可以得到如表 7-4 所示的结果。

表 7-4 实证结果

变量	第一梯队			第二梯队			第三梯队		
	系数	标准差	P>|t|	系数	标准差	P>|t|	系数	标准差	P>|t|
JK	−0.0703	0.1587	0.659	−1.0632	0.5426	0.054	−1.2000	0.4168	0.006
ZQ	0.0707	0.0779	0.367	−0.0435	1.0916	0.968	1.0755	0.5224	0.045
CF	0.0900	0.1408	0.525	−0.0035	0.5880	0.995	0.6317	0.3943	0.115
CZ	1.3216	1.1648	0.026	0.0432	1.7559	0.098	5.2273	3.0971	0.098
GQ	0.0415	0.0828	0.018	−0.7375	0.3978	0.068	−0.3272	0.2206	0.144

变量	第一梯队			第二梯队			第三梯队		
	系数	标准差	P>|t|	系数	标准差	P>|t|	系数	标准差	P>|t|
FX	-0.0007	0.0498	0.988	1.2195	1.0173	0.235	-0.4209	8.5481	0.961
常数项	0.2209	0.0384	0	0.7776	0.1589	0	0.3410	0.0598	0
	Prob>F = 0.0000			Prob>F = 0.0370			Prob>F = 0.0040		

资料来源：由 Stata 14 计量软件分析结果导出。

从 P 值来看，计量分析中参数整体上相当显著。从 P>|t| 的数值上看，在 1% 的水平下未通过显著性检验的变量全部移出模型。于是，由 P>|t| 值和系数可得：在第一梯队产业中，被解释变量 ROE 与财政融资率 CZ 呈正相关关系，与股权融资率 GQ 呈正相关关系，与其他解释变量不相关；在第二梯队产业中，被解释变量 ROE 与间接融资率 JK 呈负相关关系，与财政融资率 CZ 呈正相关关系，与股权融资率 GQ 呈负相关关系，与其他解释变量不相关；在第三梯队产业中，被解释变量 ROE 与间接融资率 JK 呈负相关关系，与财政融资率 CZ 呈正相关关系，与债权融资率 ZQ 呈正相关关系，与其他解释变量不相关。

四　稳健性检验

首先，本章改变了被解释变量设定，以资产回报率代替净资产收益率，再运用模型进行回归，考察解释变量与资产回报率的相关性。其次，考虑到各种融资模式的效应对产业发展的影响存在时滞问题，因此，对公司经营绩效的考量指标采用滞后一期的数据。经过稳健性检验得到的结论与表 7-4 中的结论相同，证明本章计量结果具有稳健性。

第四节 基于产业异质性的融资 模式偏好分析

基于我国战略性新兴产业融资现状分析，产业的异质性以及我国金融市场的特点决定了不同产业的融资模式各异。

一 第一梯队产业

处于第一梯队的三个产业——高端装备产业、节能环保产业和新能源产业都已达到或接近成熟期产业的标准。有研究表明，2018 年我国高端装备制造产业销售收入达到 10.8 万亿元，预计 2022 年将达到 20.7 万亿元。[1] 2018 年我国节能环保产业产值突破 7 万亿元；保守估计，2020 年节能环保产业产值有望突破 8 万亿元。[2] 2019 年 6 月，我国可再生能源发电装机达到 7.5 亿千瓦，同比增长 9.5%；可再生能源发电量达 8879 亿千瓦时，同比增长 14%。[3]

---

[1] 《高端装备制造业发展空间巨大 四大方面成为地方发力重点》，爱集微网站，2018 年 12 月 5 日，https：//laoyaoba.com/html/share/news？news_id=697824。

[2] 《2019 年上半年节能环保产业发展现状及节能环保行业发展趋势分析》，北极星大气网，2019 年 11 月 5 日，http：//huanbao.bjx.com.cn/news/20191105/1018567.shtml。

[3] 《2019 年中国新能源行业市场分析：三大层面发力发展，平价上网政策将带来三重机遇》，前瞻产业研究院网站，2019 年 8 月 1 日，https：//bg.qianzhan.com/report/detail/300/190801-3f8b5b51.html。

　　第一梯队产业中公司净值都较高，融资过程中的逆向选择较少和道德风险较低，更受资本市场的青睐，因此在 IPO 或者增资发行中更容易获得投资者的追捧（见图 7-1）。"十三五"时期以来，大部分的高端装备产业的子产业股权融资迅猛增加，智能制造、航空装备、海洋工程装备以及轨道交通装备股权融资额分别增长 197.8%、88.4%、225.8% 和 274.2%。新能源产业中太阳能产业、风能产业以及智能电网产业股权融资额增长较快，2016 年增长幅度超过 100%，2017 年融资规模是 2015 年的 1.5 倍。节能环保产业整体融资增速在 2014～2015 年达到高峰，增幅分别为 145.5% 和 125.9%，随后增幅有所回落。①

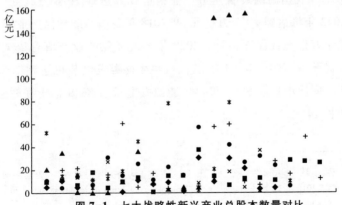

图 7-1　七大战略性新兴产业总股本数量对比

注：图中符号表示各样本企业。

资料来源：各样本公司 2019 年年报。

---

①　中国工程科技发展战略研究院：《2019 中国战略性新兴产业发展报告》，科学出版社，2018，第 84、116、120、153、356、360 页。

由于公司运营已经达到现代企业治理标准，加之股权融资能够在更大范围内拓展公司融资渠道并提高公司的知名度和管理能力，所以股权融资能够从多方面促进第一梯队产业发展。实证分析结果显示，处于第一梯队的三个产业股权融资率 GQ 与被解释变量 ROE 呈正相关关系。

高端装备产业是我国技术创新和产业升级的支柱产业，涉及航空、海洋和智能电网等领域的战略发展；节能环保产业和新能源产业是我国经济实现"绿色发展"的先锋产业，因此，三大产业都获得了政府的大力扶持。

由图 7-2 可知，高端装备产业、新能源产业和新能源汽车产业获得的税收优惠减免最多，获得政府补助/拨款较多的产业是新能源产业、生物医药产业和新材料产业。就单个公司获得的财政资金支持额度来看，高端装备产业 17 家样本公司中有 9 家公司获得的财政资金支持金额超过了 5 亿元；新能源产业只有 5 家，但是这 5 家公司所获得的额度几乎都超过了 10 亿元，其中中国电建和华能国际分别获得了 45.87 亿元和 33.88 亿元的财政资金支持；节能环保产业也只有 5 家公司获得的财政资金支持金额超过了 5 亿元。但是，对于节能环保产业，政府主要通过政府采购进行支持，2018 年全国强制和优先采购节能、节水产品 1653.8 亿元，占同类产品采购规模的 90.1%；全国优先采购环保产品 1647.4 亿元，占同类产品采购规模的 90.2%。①

---

① 《2018 年全国政府采购简要情况》，中央人民政府网，2019 年 9 月 6 日，http：//www.gov.cn/xinwen/2019-09/06/content_5427829.htm。

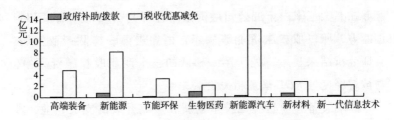

图 7-2　各产业内样本公司获得财政支持均值

资料来源：120 家样本公司 2019 年年报。

二　第二梯队产业

实证研究显示，生物医药产业和新能源汽车产业的净资产收益率 ROE 与财政融资率 CZ 呈正相关关系，而与间接融资率 JK、股权融资率 GQ 呈负相关关系。

从图 7-2 中可以看出，生物医药产业在七大产业中获得政府补助/拨款的数额最多。由于政府鼓励新能源汽车对汽油车的替代，因而新能源汽车产业获得了最多的税收优惠减免。政府对这两大产业的支持实质上是从遵循产业发展规律和满足市场需求两方面来考虑的。

首先，生物医药产业注重研发和创新，生物进化和病毒变异的持续性要求生物医药产业长时期处于研发投入较多、旧产品和旧理念不断被淘汰的过程中，而生物工程浩瀚，其广度与深度超越人类目前的认知，并且由于生物医药领域已经渗透至多个经济生产领域，例如酶工程、生物芯片技术、基因测序技术、生物信息技术等，涉及医药、能源、化工等多个领域，所以生物医药产业的发展对带动多个领域的经济发展具有重大意义。这也是政府对生物医药产业大量拨款和补助的根本原因。

其次，新能源汽车产业在我国处于起步阶段，人们消费观念的固化使得新能源汽车推广受阻。2010 年，我国四部委出台相关补贴措施，在上海、长春、深圳、杭州和合肥 5 个城市开展新能源汽车补贴试点，纯电动车每台最多可以获得 6 万元政府补贴。①《节能与新能源汽车产业发展规划（2012—2020 年）》明确指出，"节能与新能源汽车及其关键零部件企业，经认定取得高新技术企业所得税优惠资格的，可以依法享受相关优惠政策。节能与新能源汽车及其关键零部件企业从事技术开发、转让及相关咨询、服务业务所取得的收入，可按规定享受营业税免税政策"。② 受惠于财税政策激励，2015 年，新能源汽车产业呈现迅猛发展态势，2018 年新能源汽车销售量累计达 125.6 万辆。③ 随后，政府逐步退出新能源汽车支持领域，2019 年我国新能源汽车销量出现 5 连降情况，2019 年 1～11 月，我国新能源汽车销量为 104.3 万辆，同比仅增长 1.3%（见图 7-3）。由此可见，我国新能源汽车产业的发展在一定程度上仍然依赖财政资金的支持。

---

① 《新能源汽车产业现状及其发展》，百度文库，https://wenku.baidu.com/view/39b828df7275a417866fb84ae45c3b3566ecddd0.html。

② 《国务院关于印发节能与新能源汽车产业发展规划（2012—2020 年）的通知》（国发〔2012〕22 号），中央人民政府网，2012 年 6 月 28 日，http://www.gov.cn/gongbao/content/2012/content_2182749.htm。

③ 《2018 年中国汽车销售 2808 万辆　新能源汽车销量同比上涨 62%》，人民网，2019 年 1 月 15 日，http://auto.people.com.cn/n1/2019/0115/c1005-30538338.html。

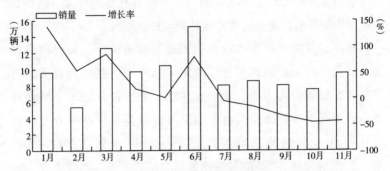

图 7-3 2019 年 1~11 月我国新能源汽车销量及增长率

资料来源：《2019 年前 11 月中国汽车行业市场现状及发展前景分析 全年新能源汽车销量或将负增长》，前瞻产业研究院网站，2019 年 12 月 11 日，https：//bg. qianzhan. com/trends/detail/506/191211-98c3bb73. html。

间接融资主要指银行的长期贷款和短期贷款，本章的实证研究结果与国内多位学者的研究结果相同①：债权融资并不能促进公司成长，相反二者呈负相关关系。这主要是因为财务杠杆过高会引发较大的财务风险，特别是短期借款过多对于新兴产业而言较为不利，如果不能够按时还本付息，即便公司拥有大量的优质资产和无形资产，仍然不能避免破产的厄运。2019 年生物医药产业和新能源汽车产业年报数据显示，公司大多在短期借款项下保持大量金额，39 家样本公司中只有 9 家公司的短期借款少于长期借款，有 22 家公司的短期借款总额超过 10 亿

---

① 吴沁：《我国中小企业板上市公司成长性与债务融资结构相关性研究》，硕士学位论文，南京财经大学，2014；辛阳：《融资结构对企业成长性的影响》，硕士学位论文，吉林大学，2014；刘亮：《创业板上市公司资本结构对公司成长性影响的研究》，硕士学位论文，哈尔滨工业大学，2017。

元。两产业样本公司短期借款总额为 973.42 亿元，而长期借款总额为 383.64 亿元，二者之比达到 2.54∶1。短期借款占比过高说明公司融资渠道较窄，融资管理制度不完善，不利于公司稳健成长。

从第二梯队产业 33 家企业股权融资来看，数额普遍不大，特别是生物医药产业样本公司的股权融资基本都在 30 亿元以下（见图7-4）。可见资本市场对于生物医药产业和新能源汽车产业仍处于观望中，资金投入积极性并不高。

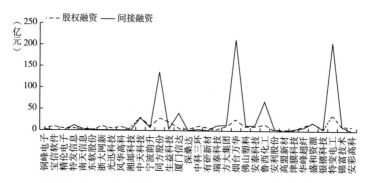

图 7-4 第二梯队产业 33 家企业股权融资与间接融资对比

资料来源：样本公司 2019 年年报。

由于我国资本市场尚未实现注册制，上市公司一般在 IPO 之前已经具备雄厚的实力和外部融资能力，而股权融资需要符合国家规范、建立现代企业制度，并定期发布年报，使公司运营透明化，所以，一部分公司达不到上市标准，而另一部分公司出于运营权集中度和财务保密性等方面的考虑不愿意上市融资。此外，信息平台的缺失和不完善使得信息不对称问题较为严重，在一定程度上影响了资本市场对新兴产业的认识和认可程度。

三 第三梯队产业

新材料产业和新一代信息技术产业所获得的财政资金支持数额较少，主要原因是两个产业的资产规模相对较小，换一个角度，即从财政支持资金占总资产的比重来看，这两个产业所获得的财政支持力度并不比其他产业小。实证结果也表明，财政融资率 CZ 与 ROE 正相关。

与第二梯队产业类似，第三梯队的产业同样显示间接融资与被解释变量 ROE 呈负相关关系，其原因亦与第二梯队产业的原因相同。分析 2019 年年报可知，样本公司大多在短期借款项下保持大量金额，在两个产业 33 家样本公司中只有 4 家公司的短期借款少于长期借款，将近三分之一的样本公司的短期借款总额超过 10 亿元。33 家样本公司短期借款总额为 552.63 亿元，而长期借款总额为 290.30 亿元，二者之比达到 1.9∶1。处于成长期和初创期的产业资本不够雄厚，即时调配的能力欠佳，过高的短期负债容易使公司陷入困境。因此，JK 指标与 ROE 指标负相关。

值得指出的是，在第三梯队产业的实证研究结果中债券融资率 ZQ 与被解释变量 ROE 呈显著的正相关关系，这是另外两个梯队的产业所没有的特征。近三年来，新一代信息技术产业和新材料产业确实通过发行债券的方式筹集了大量的资金。例如，宝信软件在 2017 年发行债券 12.7 亿元，特发信息于 2018年发行了 3.36 亿元的债券，同方股份 2018 年末应付债券的金额是 84.32 亿元，佛山塑料 2016 年发行债券 5 亿元，鲁西化工 2018 年末应付债券为 18.97 亿元。由此可见，债券市场融资已经成为新一代信息技术产业和新材料产业的主要融资渠道之一。

最后，三个梯队的实证结果都显示商业信用融资模式和风险投资融资模式对产业发展的推动作用不明显。这主要是因为战略性新兴产业间发展不平衡，有些产业的产业链较为健全，商业信用融资方式的运用较多；但是另外一些产业仍处于发展初期阶段，产业链条和企业间的稳定关系尚未建立，商业信用融资方式的运用并不普遍。风险投资奉行高风险、高收益的资本运行理念，然而风险投资本质上是积极的投资而非消极的赌博，因此，风险资本在投入之前会经过严格的审核，并且由于筹资渠道单一、退出机制不完善，我国的风险投资行业发展速度较为缓慢。在现有的大型风投机构中，投资方向也较为固定，多投向互联网行业、医疗健康行业以及节能行业等。例如，2019 年 5 月，我国对生物医药、医疗健康领域的投资金额高达 123.52 亿元，2019 年 10 月生物技术、医疗健康行业 IPO 数量也位居行业第一。① 可见，在战略性新兴产业中只有很少一部分产业受到 VC/PE 们的青睐，大多数产业目前并未获得风险资本的支持。

综上所述，我国战略性新兴产业融资渠道存在理论上和实际上的偏差，具体见表 7-5。拓展战略性新兴产业的融资渠道，提高其融资效率，需要根据七大产业的异质性匹配适合其发展的融资模式。

---

① 《界面新闻 2019 中国顶级风险投资机构揭晓，IDG 资本领跑、红杉资本中国基金、深创投紧随其后》，"界面新闻"百家号，2019 年 12 月 2 日，https：//baijiahao. baidu. com/s? id = 1651768245307613295&wfr = spider&for = pc。

表 7-5　理论上和实际上战略性新兴产业融资渠道

阶段	产业	理论上最优融资渠道	实际上融资渠道
成熟期	新能源	股权、债权、商业信用	财政支持；股权
	高端装备	股权、债权、商业信用	财政支持；股权
	节能环保	股权、债权、商业信用	财政支持；股权
成熟期 成长期	生物医药	股权、债权、VC、政府补贴	财政支持
	新能源汽车	股权、债权、VC、政府补贴	财政支持
成长期 初创期	新材料	VC、政府补贴	财政支持；债权
	新一代信息技术	VC、政府补贴	财政支持；债权

注：表中融资渠道是各产业相比较而言，非绝对数值。

资料来源：笔者自行设计。

第五节　产业异质性与融资模式匹配的关键环节

一　财政支持的精准性环节

基于财政资金的有限性和产业发展的动态性考虑，财政资金的支持应当具有阶段性和实效性。具体来说，在产业创建初期，融资渠道狭窄，产业生命脆弱，需要财政资金的大力扶持，从而能够快速发展至成长期阶段，而进入成长期的产业相对稳定，初步具备拓展融资广度的能力，财政资金的支持应该逐步减少，在产业发展成长期末全部撤出。根据七大产业的异质性，财政资金的支持应主要向生物医药产业、新材料产业和新一代信息技术产业倾斜，而逐步从高端装备产业、节能环保产业、新能源产业和新能源汽车产业撤出。

财政资金应当更多地体现"风向标"作用，在对第二、第三梯队产业的支持领域，可以由政府牵头成立若干支专项投资基金，按照"民办官助"的思路，政府按一定比例入股，在基金管理方面，可以创新性地引入"同股不同权"的操作模式，使政府掌控足够的话语权，引导资金的流向，支持研发周期长、投入高的第二、第三梯队产业中的重点子产业发展。

此外，政府相关部门应建立"精准支持"指标体系，着眼于资金使用效率的预判和考核。目前我国财政资金支持战略性新兴产业发展的方式较为粗放，较少有量化指标和考核体系，容易导致资金投向固化、资金使用效率低的现象。促进战略性新兴产业发展，应当建立各产业发展的指标体系，涵盖研发能力、创新能力、核心竞争力、市场拓展能力、管理能力和国际化能力等方面的现状判断与发展预测，以量化指标为基础，佐以战略发展导向，最终决定财政资金的流向和支持金额。在指标体系的建立过程中，建议适当增加技术创新能力和国际化水平的考核权重，促进战略性新兴产业核心竞争力的增强和国际市场的拓展。

二　银行贷款的信息对称环节

银行的"惜贷"行为和贷款"短期化"特征主要源于信息不对称问题，基于产业的异质性，信息不对称问题在七大产业中程度各不相同。

高端装备产业、节能环保产业和新能源产业的产业规模、市场占有率和技术成熟度都已达到一定的标准，并且产业中的多数公司已经上市，定期披露年报和财务状况，因此，信息不对称程度较低，银行对第一梯队产业贷款的比例较高。针对这些产业，银行可以采用补偿性余额、抵押品和限制性贷款的方法减少逆向选择和道德风险。具体而言，针对第一梯队产业的贷款，要求在借款的同时在银行的支票账户上保有一定金额。例如，一家获得中国建设银行2000万元5年期限贷款的企业必须在中国建设银行保有至少200万元5年期的存款，如果出现违约风险，中国建设银行至少有200万元可以弥补损失。对于固定资产规模较大的公司，要求借款抵押，并且在贷款合约中明确限制借款企业从事高风险生产和投机的条款。

生物医药产业和新能源汽车产业既有成熟期产业的部分特征，又有成长期产业的诸多痕迹。针对这些产业的贷款应秉承审慎原则，控制贷款总量。银行可以着重采用贷款承诺、贷款专业化以及长期客户关系来减少信息不对称风险。第二梯队产业已经具有清晰的发展脉络和可预测的发展前景，银行可以责令研发部对产业进行全面研究，发掘适合贷款的某些子产业领域并重点突破，实现贷款专业化，并与产业中经营能力较强、诚信度较高的公司建立长期客户关系。一方面，这有利于减少银行信息搜寻成本；另一方面，这有利于减少公司借款成本，实现双赢。根据银行研发部的长期调研跟踪，寻找优质的中小公司给予贷款承诺，针对某一产业的重点调研和集中贷款发放，有利于支持产业发展，从而减少违约风险。

新材料产业和新一代信息技术产业从技术成熟度、产业规模和市场占有率等指标来看，仍然处于产业发展初期阶段。对于银行而言，信息不对称问题最为严重。针对这些产业，银行可以采用如下方法化解信息不对称问题：其一，对财务状况保密、信息缺失的公司，不发放贷款；其二，提高对客户的审核标准，加大对产业的调研力度，降低信息不对称程度，并减少贷款配额；其三，与投资咨询公司等金融机构合作，提高信息来源可信度和权威性，降低搜寻信息的人力成本和时间成本，减少贷款的坏账风险。总体而言，第三梯队产业获得银行贷款的可能性较小，应积极拓展其他融资渠道。

三 债券市场的工具创新环节

从实证结果来看，债券市场对战略性新兴产业发展的支持力度有限，主要原因有五：其一，我国债券市场结构不合理，公司债、企业债比例过小，2018年初，公司债和企业债占债券市场总额的比例不超过10%，这个比例不仅低于美国、德国等发达国家，甚至低于马来西亚、泰国和印度尼西亚等发展中国家；其二，市场分割导致流动性较差，企业债在实践中大多只能在证券交易所内交易，限制了受众面的广度[①]；其三，发行制度不健全，公司债和企业债标准各异，分级审批，且多向国有企业倾斜，发行制度僵化；其四，投资者主体集中度高，主要为商业银行、各类基金和保险机构，个人投资者等社会资本占比较小；其五，违约止损机制不健全，不利于稳定投资者的信心，维护市场公平。

针对以上问题，建议从对应的五个方面进行完善。其一，

---

① 吴晓求、陶晓红、张煌：《发展中国债券市场需要重点思考的几个问题》，《财贸经济》2018年第3期，第5~16页。

增加公司债和企业债的市场份额，针对第一梯队产业，建议优化债券市场环境，鼓励公司进行债券融资；而对于第二、第三梯队产业，应主要致力于融资工具创新，更多地利用中小企业集合债券、中小企业集合票据和中小企业私募债，并适时采用资产证券化、衍生品等创新产品进行融资和风险规避。其二，促进市场间的共融，修正割裂市场的规章制度，并着力推进场内市场交易发展，适时搭建以做市商、经纪商、投资者和评级机构为主体的交易制度框架。其三，统一公司债、企业债以及其他各类企业债券融资工具的发行制度，统一规则、统一监管，由目前的核准制逐步向注册制和备案制转化，为第二、第三梯队产业融资提供便利。其四，拓展市场主体广度，健全信息披露制度和债券交易制度，鼓励社会资本参与，活跃市场氛围。其五，建立违约止损机制，稳定市场信心，可以借鉴美国债券市场的止损机制，对第二、第三梯队产业融资设立附加限制性条款、利息支付保障条款、同等优选清偿权、限制抵押条款等[1]；此外，还可以设置一系列保护投资者利益的触发性债券契约条款，不仅约束发行主体，而且约束由发行主体、任何担保人及所有受限子公司共同构成的"借款人集团"[2]。

四 风险资本的退出渠道环节

风险资本的最终目的是逐利而非控股，因此，为风险资本

---

[1] 张明喜、朱云欢：《我国中小企业债券市场发展：创新、不足与对策》，《南方金融》2015年第4期，第61~66页。

[2] 任晴、杨健：《美国高收益债市场特征》，《中国金融》2019年第12期，第78~80页。

提供恰当的退出渠道能够从根本上促进风险资本的发展。风险资本的退出方式主要包括竞价式转让（IPO）、契约式转让（并购、回购）和强迫式转让（破产清算）。理论上，风险投资最优的退出方式是IPO，第二梯队产业基础较好，VC退出可多采用IPO形式。然而，由于我国资本市场尚不发达，风险资本可选择的上市途径较少。① 为鼓励风险投资对战略性新兴产业的支持，应明确资本市场层级和转板规则，借鉴美国的NASDAQ市场和柜台交易系统、英国的"非持牌证券市场"和日本的"第二股票市场"发展经验，结合我国现状，再定义上市门槛指标体系。此外，美国的非官方二级市场交易平台较为活跃，如PORTAL交易平台、高盛设立的可交易非注册证券场外交易平台及花旗集团、雷曼兄弟、美林证券、摩根士丹利及纽约银行等五家投资银行共同设立的OPUS交易平台等。② 我国同样可以借鉴这些平台建立机制，搭建多个交易平台并健全全国性的产权交易市场，为VC和PE提供多样化退出渠道。

　　IPO流程较长，上市门槛和成本较高，即便是在美国这样的发达国家，IPO退出方式近年来的采用频率也大幅下降，并购已经成为VC最为常见的退出途径。对于第三梯队产业而言，并购不仅能为VC提供退出路径，而且是公司快速成长壮大的方法之一。我国企业并购受限于《证券法》、《公司法》、《股份有限公司规范意见》和《股票发行与交易管理暂行条例》等，这些法

---

① 王汉昆：《我国私募股权投资基金退出机制研究》，硕士学位论文，天津财经大学，2009。

② 高志立：《美国私募股权基金退出机制及启示》，《财会通讯》2016年第7期，第104~106页。

律法规尚不健全，难以满足企业并购的需求①，应尽快制定《企业并购法案》和《创业投资促进法案》，规范并购流程，为 VC 退出提供便利。管理层回购受到的管制较少，退出流程简单快捷，又能够保证企业控制权不会外落，在此基础上，还可以鼓励员工持股，实行股权激励等措施。管理层回购属于杠杆收购的一种，涉及大量资金的筹集。政府可以出台相关政策，支持战略性新兴产业公司的管理层收购，例如给予银行优惠利率或者专项资金支持等，提高风险资金循环效率。

五 商业信用融资模式的规范环节

商业信用融资模式的逐步兴起大大拓展了战略性新兴产业的融资渠道，降低了融资成本。然而，由于制度不健全以及公司间关系错综复杂，在实证研究结果中，商业信用融资模式并未对产业发展起到显著的推动作用。

鉴于处于产业发展成熟期的公司较容易从银行和资本市场获得资金，商业信用融资模式对处于第二、第三梯队的生物医药产业、新能源汽车产业、新材料产业和新一代信息技术产业而言更有意义。

第一梯队产业发展较为成熟，更容易在产业内部建立稳定的公司合作关系，规范商业信用融资流程。第二、第三梯队产业则应首先捋顺产业链条，解决信息不对称问题，而后再推广商业信用融资模式。对于信息不对称问题，应从以下方面着手

---

① 金永红、奚玉芹：《风险投资退出机制的国际比较与我国的现实选择》，《科技管理研究》2007 年第 11 期，第 117~120 页。

进行改进：其一，建立健全法律框架，为商业信用融资合同拟定提供规范文本并强制执行，对于违法违规的融资行为明确处罚条例，违法必究，从根本上保障中小公司权益；其二，从国家层面加强公司诚信档案建设，统计公司投融资数据，对于诚信度差的公司以年度为限进行披露，优化商业信用融资环境，从源头上降低中小公司所承担的信用风险；其三，加强商业信用融资监管，制定制度框架对商业信用融资的门槛、流程及违约事宜进行规范，责成审计部门对商业信用融资环节进行严格审计，防止大型公司违规占用资金及其过度投机行为；其四，强化行业自律组织建设，推进偿债机制建设，减少因借故拖延还款而降低产业内部资金使用效率的行为，提高产业链内部资金周转率。

第八章

科技金融支持战略性新兴
产业发展优化路径

    科技金融支持战略性新兴产业发展已经成为"金融+科技+实体经济"的未来主流发展方向，财税政策、科技信贷、债权融资、股权融资、风险资本相互配合，形成支持战略性新兴产业发展的全方位资金支持框架体系。我国战略性新兴产业在这种良性发展的金融大环境下，已经取得了阶段性的发展成果，形成了一批龙头企业和领军企业。但是，不可否认的是，目前战略性新兴产业面临的国际大环境并不理想，各种势力都将矛头直指我国实体经济的发展领域，核心技术长期受制于人，产业链核心技术多被欧美国家（地区）企业掌控，关键零部件等仍依赖进口，这些对我国战略性新兴产业的长足发展都造成了严重的困扰。因此，科技金融支持战略性新兴产业发展应当围绕"科技"，突出"研发"，以占领国际制造业制高点为目标，积极推进战略性新兴产业高端化，并以产业异质性为抓手，认真探讨科技金融支持战略性新兴产业发展的优化路径。

第一节　财税政策支持应多偏向于创新领域

由于战略性新兴产业主导国民经济发展方向，支撑实体经济发展的未来，因此，战略性新兴产业的发展一直受到政府政策和财税方面的大力支持。但是，就目前的财税资金投向而言，大多资金仍投向市场拓展和生产基地建设领域。本书认为，财税政策应具有"风向标"作用，更多地投向人才激励与研发创新领域，并且基于财税总盘的有限性，对财税优惠补贴的利用应建立科学的考评机制。

一　重视人才红利，建立科研人员激励机制

科研人员是产业创新的核心要素，科研人员的素质和积极性直接决定了产业创新发展的潜力。因此，应重视人才红利，将科研人员激励纳入各类财税政策的覆盖范围。具体而言，可以从三个方面进行考虑。

其一，将科研成果奖项个人所得税减免划分层次，根据我国个人所得税法律法规，省级人民政府、国务院和中国人民解放军及以上单位颁发的科研奖金，免征个人所得税。而现实中，大多科研成果并未评奖或者奖项级别在省部级以下，达不到税收减免标准。为激发科研人才的创新动力，可以对各层级科研

评优评奖的奖金设计不同的减税比例和方法；对于因涉密等客观原因无法评优评奖，但确实对经济发展和产业升级有贡献的研发成果，给予一定的政府补贴以资鼓励；还可以将"时间效应"纳入减税的考量范围，设计与科研工作时长相对应的税收减免或者财政补贴制度，对于在科研领域持续奋战一定年限（超过20年）的科研人员，或者为某项重大科研成果奉献一定工作时长的科研人员，设计相应的税收减免或者财政补贴政策。

其二，人员培训和终身学习/进修费用抵免。科技的不断进步要求科研人员的知识和技能也必须同步更新，科研院所和高科技产业企业都应当建立职员定期进修和终身学习机制，定期为部门发展输入新鲜血液和能量，厚积薄发，以保持蓬勃的创新能力。此外，还有一些公司自愿捐助经费支持高校和科研机构进行人才培养或者吸纳科技型高校毕业人才，这些培训、学习、捐助和从业的费用应在单位盈利中予以全额抵免，或者减半抵免，以提高我国科研领域知识更新的速度，助力产业创新。

其三，财政支持政策应设计容错机制。科技创新实则是不断试错的过程，促进产业创新能力的发展必须有试错的经验累积和容错纠错的胸怀。税收减免和财政补贴不应只针对成果和成就，也应该设计容错机制，将一部分有价值的试错研发包容进来，以研发目的、研发可行性、研发经费投入、研发科研小时数和研发拟合度等为依据设计相关指标体系，对于符合条件的试错研发给予财政资金支持。

二 调整激励思路，拓展财税政策支持模式

产业创新能力的提高主要依赖各生产要素效率的提升，除

了人力资本之外，还包括固定资产、土地、资本、技术、信息等。因此，财政资金支持也应与各要素发展相匹配。

对于科研领域的设备购置等采用加速折旧的措施，2019 年，财政部和国家税务总局发布第 66 号公告，将固定资产加速折旧范围扩大至全部制造业领域。一方面，加速折旧不会减少政府的税收收入，因为公司固定资产折旧总额是一定的，如果公司采用加速折旧，总税负并未减少，对于政府而言只是税收时间的差别；另一方面，加速折旧对于处于研发初期的公司而言有递延税收的作用，能够在公司起步阶段和科研攻坚阶段减少税负，增加公司可用现金流量，从而推进研发工作，促成成果转化。

对于资本要素的支持，应主要通过财政资金撬动社会资本，建立各类产业发展创投基金，由政府出资打底，吸引社会资本加入，聘请专业基金管理机构进行运作并接受政府监督，投资范围主要限于战略性新兴产业，以财政资金对基金运营成效进行部分"兜底"，增强社会资本的信心和积极性。并且，总结当前政府创投基金运行中的不足，加强监管和内控，提高基金运行效率。

政府应建立战略性新兴产业信息平台，筛选在推动产业升级和技术革新领域具有核心地位的公司，以递延税收和税收返还的形式予以支持，以"时间价值"为补贴形式，扶持这些公司的创新发展。对于涉及国家核心竞争力方面的科研工作，可以对研发的各种成本实行不同程度的税收减免或者税收抵扣；对于先进技术引进、国际科研成果交流等活动，应给予政府补贴，或者直接由政府组织推动。

此外，对财务混乱和管理能力较弱的公司进行财务智力支持，通过培训或者直接指导等方式提高公司财务管理能力和运营能力，不仅为其"开源"，亦要教其"节流"。从某种意义上来说，帮助公司提高资金使用效率比拨付资金更为重要，应通过政策引导、管理层培训、财务规范和内控机制建立等多种方式完善公司治理制度，促进公司创新发展，以契合财政资金支持的目的。

三　刺激市场需求，增加需求方以反哺厂商

供给与需求相辅相成，财政政策不能仅关注供给端，还可以刺激需求为手段，反哺产业发展，以需求促创新，夯实产业创新的基础。刺激市场需求可以从三方面着手。

其一，重塑政府采购体系。政府行为是市场的"风向标"，当前政府对战略性新兴产业产品的采购多侧重于节能环保产业、高端装备产业和新能源汽车产业，并且政府采购的品种较少。建议尽快搭建政府对战略性新兴产业产品的采购框架，明确政府采购产品的名称、规格和价格，并定期修正完善，将尽可能多的战略性新兴产业产品纳入政府采购范围。借鉴美国的《购买美国产品法》，我国可颁布《战略性产业国货采购法》，针对战略性新兴产业，规定优先采购国货；进口产品必须购买40%以上的国内原材料和产品；优先考虑中小企业，对于100万元以下的采购项目，政府必须最大限度地倾向于中小企业和非国有企业。以保护国内战略性产业发展为目的，对于进口产品，以政府买方垄断的地位获取国际先进技术的使用权和共同研发权，扶持国内产业技术薄弱环节成长。

其二，制定大中型国企、企事业单位定向采购优惠政策。我国国内市场广阔，大中型国企和企事业单位众多，这些单位的采购不应只限于办公用品等常规范围，可以以税收优惠和政府补贴措施鼓励其采购战略性新兴产业产品。例如，可以制定"战略性新兴产业产品采购清单"下发各单位部门，年度采购清单所列产品达到 10 万～100 万元金额的单位，可以以采购金额的 5% 抵免企业所得税；采购金额在 100 万～1000 万元的，以采购金额的 8% 抵免企业所得税，以此类推，最高可按采购金额的15% 抵免企业所得税，或者以政府补贴的形式进行鼓励。

其三，实施长期客户奖励措施。长期客户关系有助于实现供需双方双赢。为稳定战略性新兴产业的销售市场、保证产业持续赢利，政府可以将"时间"和"金额"作为政策实行的并列指标，对战略性新兴产业的长期客户进行财政补贴或者给予税收优惠，客户购买战略性新兴产业产品的年限越长、金额越高，能够享受的财政优惠越多。此类措施主要用于非国有企业和自然人，可与政府采购体系、企事业单位定向采购优惠政策共同构成全方位的需求方支持体系，反哺战略性新兴产业创新能力的提高。

四　提高资金使用效率，构建资金使用考核体系

首先，提高财政资金的使用效率应当建立战略性新兴产业信息平台，解决信息不对称问题，引导资金流向急需领域和高效率部门。战略性新兴产业信息平台应由政府部门主管，辅以行业自律，以功能划分模块，至少应当涵盖以下模块：政府政策与解读模块、国内外产业发展模块、龙头企业和上市公司模

块、中小微企业模块、产业核心技术发展模块、产业资金供需状况模块、产业发展 5~10 年展望模块和产业链模块。战略性新兴产业信息平台必须覆盖七大战略性新兴产业中至少 60% 的企业，在平台上发布信息的法人必须公开至少连续 3 年的信息，并为信息的真实性、准确性和完整性负法律责任。

其次，编制战略性新兴产业财税政策支持五年规划和考核进度时间表。依托战略性新兴产业信息平台，政府部门可以根据七大产业的产能现状、发展前景与核心技术研发进度，精准找出财政资金支持点，并且根据科研情况进行长期规划和定期考核。可以借鉴 VC/PE 的投资策略，将资金投入分为 α 阶段、β 阶段和 γ 阶段等，政府资金投入首先支持研发项目 α 阶段的开展与运行；当 α 阶段的研发目标实现之后，才会有 β 阶段的政府补贴投入；当 β 阶段的研发成果实现之后，政府再拨付 γ 阶段的补贴资金。税收优惠同样可以如此设计。可以由政府和产业自律协会共同制定财政资金支持五年规划和考核进度时间表，以有效地提高财政资金的使用效率和产业创新能力。

最后，建立战略性新兴产业财政资金使用考核指标体系及对应的奖罚机制。目前我国财政资金支持战略性新兴产业只设计了准入门槛，并未设置考核机制和奖惩条例，造成一些公司将达到门槛条件作为奋斗目标，而并不着眼于创新发展。应及时改变这种现状，将考核机制纳入财税政策体系中，在一级指标的设置中可以考虑纳入公司年利润增长率、研发强度、研发潜力、专利授权量、主营业务增长率和技术市场占有率等指标，再针对不同产业特点在二级指标选择中设计不同的考核方向。针对各产业不同的研发周期，设计差异化的考核周期。例如，对于新一代信息技术产业、节能环保产业等以 2 年为考核周期，而对于新能源产业、高端装备产业等以 5 年为考核周期。针对不同产业的特征，由财税专家、金融专家和各产业知名人士等组成专家小组，对各产业及细分产业设计不同的指标体系，指标体系应当至少包括硬性考核指标组和动态调整指标组，并根据宏观经济变化、产业发展、技术升级和国际市场变化每 2~5 年调整相关指标，保证指标体系的科学性、系统性和权威性。这不仅可以提高财政资金的使用效率，并基于考核结果进行奖惩，对于考核不达标的公司，减小其财政资金支持力度或者取消其获得财政资金的资格，还可以以此为"风向标"引导社会资本和各类基金投向资金使用效率高的公司。

第二节　信贷融资应完善信息平台并加强业务创新

科技信贷与战略性新兴产业发展不匹配的关键在于信息不对称引发的银行风险增大的问题，降低银行风险的措施很多，主要包括政府"兜底"贴息、建立信息平台和风险缓释机制、加强银行业务创新和构建奖罚机制。其中，政府补贴和奖罚机制都属于"后发制人"，作用和效果都有所欠缺，而建立信息平台和加强银行体系的业务创新则属于"预防预警"机制，不仅能够保证银行体系与战略性新兴产业中优质企业的快速链接，而且能够增强银行资金流向战略性新兴产业研发领域的信心，拓展银行体系的盈利渠道，降低银行体系整体风险，打开银行体系与战略性新兴产业"双赢"的局面。

一 减少政府贴息，转而设立研发激励机制

由"海萨尼转换"博弈分析可知，政府贴息或者补贴并不能鼓励银行体系增加战略性新兴产业信贷投放，反而会刺激企业增强违约动机，因此，应当减少对战略性新兴产业的政府贴息和粗放式的补贴，转而设立研发激励机制。

科技强国的根本在于科研人才的储备与发展，国际著名咨询公司安盛咨询曾经对中国科研人员进行过一次问卷调查，结果显示，对科研人员的有效激励因素包括薪酬（31.88%）、发展前景（23.91%）、工作挑战（10.14%）、单位潜力（7.98%）和安全保障（6.52%），其他学者通过不同的研究方法也得出过类似的结论[①]。林强和姜彦福更是通过研究指出，人力资本不能"压榨"，积极鼓励才能增加效用。[②]

建立产业研发激励机制要转变以往思路，坚持"先大后小、以大带小"的顺序，首先将激励资金投向科研基础雄厚、科研队伍强大和科研潜力较大的大型企业，着力攻关关系国计民生的重点项目，而后支持中小型企业在不同领域的技术研发，以大型企业的技术进步带动中小企业的发展，逐步形成产业技术合力。

具体来说，产业研发的激励机制应当依经济发展而定，因

---

① 郑超、黄攸立：《国有企业知识型员工激励机制的现状调查及改进策略》，《华东经济管理》2001年第S1期，第30~33页；张军、龚建立：《科技人员激励因素研究》，《科学学与科学技术管理》2002年第8期，第82~85页。

② 林强、姜彦福：《高科技企业的人力资本制度》，《中国软科学》2001年第6期，第74~77页。

产业特征而异，但是总体上应当由政府牵头，责成工信部、财政部等相关部门设计总体框架和一级产业研发激励总则，限定激励措施和财政拨款金额；根据产业的异质性组建若干专家小组，在总体框架下制定具体的可行性实施细则和阶段性方案；而后在实际操作中"查缺补漏"，完善产业研发激励机制，提高产业发展核心竞争力。战略性新兴产业属于高科技型产业，整体研发实力的增强有利于降低银行信贷违约的可能性，增加产业中各类企业获得信贷资金的概率，从而形成良性循环。

此外，研发激励主体可以拓展至商业银行体系，对有效支持战略性新兴产业研发的商业银行给予降低贴现率、便利资金融通等奖励措施，调动银行体系的积极性。

二　建立信息平台和风险缓释机制

商业银行运营的"稳健性"与新兴产业发展的"风险性"相悖，需要外部保障措施以化解二者之间的矛盾。

信息平台的建立能够降低信息不对称程度，对促进我国实体经济的发展和产业升级都具有重要的意义。信息平台的建立需要由政府主导，以准入门槛的设定、法律协议的签署等措施保障信息平台的权威性和真实性，提高信息平台的使用效率，平台的建立和监督至少需要工信部、财政部、审计署等若干政府部门的合作。

信息平台的模块设置应组织产业发展研究专家、企业家、银行贷款部门主管、风险投资家、会计师、律师、程序员等人员形成项目组，综合统筹潜在平台用户的需求，科学设计板块分布和信息使用权限，并设置信息平台动态优化和拓展功能，利用信息化条件、互联网功能和区块链技术实现信息平台对不同市场主体的差异化服务功能，以有效地降低信息不对称程度为根本目的，形成对战略性新兴产业发展的重要支撑。

建立风险缓释机制的根本目的是鼓励银行信贷投放，防范系统性风险，可以由政府建立信贷风险缓释池或者由政策性银行提供部分贷款担保，为战略性新兴产业的银行信贷增加一重保障，以鼓励银行资金向战略性新兴产业倾斜。再者，我国担保机构较少、担保体系不健全，加之全国性企业信息平台的缺失，为战略性新兴产业的信贷担保带来了极大的不便，建议健全我国担保体系，规范担保流程，借鉴发达国家经验，在担保机构之外设置再担保，提高信贷资金的安全性。值得指出的是，风险缓释机制的建立应当量力而行、聚力而为，政府资金的"兜底"作用不能无限放大，应以财政优惠政策等措施积极吸引各类基金、担保公司、保险机构等非银行金融机构形成合力，分散风险。

三 发展多方合作模式，加强银行业务创新

目前，一些商业银行已经率先开展了针对高科技新兴产业的业务创新。例如，中国建设银行推出了"科技智慧贷""科技助保贷"，中国银行则在北京、天津、上海、湖北、陕西五个国家自主创新示范园区开展投贷联动业务战略合作[①]。北京银行、交通银行、北京农村商业银行和上海浦东发展银行北京分行早

---

① 《中行举办签约仪式 投贷联动业务全面铺开》，中国银行官网，2016 年 12 月 16 日，https://www.boc.cn/aboutboc/bi1/201612/t20161216_8279197.html。

在 2007 年就已经试点"信贷快车"业务等。[①] 但是，这些试点和创新推进的深度和广度不足，不能够满足战略性新兴产业发展的需要。拟合银行业务供给和产业发展需求，需要成立专营机构，建立专业团队，推出专属产品，制定专门的业务流程和设立专项的风险补偿机制。[②] 商业银行的业务创新应当与多方合作，设计创新业务组合，整合各类金融机构优势，形成互补互助、互惠互利的局面，具体而言，主要包括以下四种操作模式。

一是"商行+投行"模式。"商行+投行"模式包括两种合作模式：一种模式为商行与投行合作，在企业上市融资、并购融资、项目融资和资产证券化等领域，由投行牵头，商行组团贷款，合力支持高新技术企业发展；另一种模式是商行借助投行的调研能力，购买投行的产业报告和企业分析报告，指导贷款方向和资金分配比例，并与投行的研发部合作，通过风险-收益模型和实践需求，设计适合商业银行的创新产品。

二是"母行+子行"模式。由商业银行建立科技银行子公司和投资子公司，科技银行子公司以企业集合债、知识产权质押、无形资产质押、产业链贷款、绿色贷款、财务顾问等创新融资、融智服务为主营业务，而投资子公司则以战略性新兴产业中的优质企业为股权投资对象，以"母行贷款+子行持股"的形式扶持优质企业成长。但是创新融资模式不是简单的分工，母行与子行之间应建立防火墙，并设计风险控制预警机制和处理方案，

①　《中关村科技园区开行"信贷快车"》，《人民日报》（海外版）2007 年 9 月 4 日，第 5 版。

②　刘志彪：《科技银行功能构建：商业银行支持战略性新兴产业发展的关键问题研究》，《南京社会科学》2011 年第 4 期，第 1~7 页。

子行的投资对象应建立在尽职调查并充分借鉴信息平台数据的基础之上。

三是"商行+基金"模式。商业银行可以通过参与政府主持的创投基金对战略性新兴产业进行支持，也可以通过理财产品将资金投向战略性新兴产业融资领域。在风险较小的跨国公司并购、大型企业上市融资中，银行资金可以参与并购基金、产业基金和各类融资基金，探索合作模式。在资金投放模式上，可以借鉴 VC 投资经验，分阶段进行投资，或者创新股权、期权等模式，灵活调整方向和金额，对冲风险，提高安全性。

四是"商行+VC"模式。"商行+VC"模式并不是简单的"合作"模式，而是"接力"模式，商业银行可以借助风险资本敏锐的产业分析能力和强大的数据搜集能力，为 VC 的前期投资提供风险较低的抵押和质押贷款；在企业步入成长期后，以投资子公司的形式介入企业投资；在企业进入成熟期时，将投资子公司的投资退出，转而提供商业贷款。由于经过专业 VC 机构的严格筛选，融资对象的安全性可以得到一定的保障。此外，在初创期之后再投资将更进一步地降低风险，而最后对成熟期企业的贷款就已经能够完全契合银行的稳健经营要求了。

我国资本市场尚不发达，银行体系在整个金融系统中占据了重要的地位，特别是在支持实体经济发展领域，银行的力量更是不容忽视。出于安全性的考虑，银行往往不愿意贷款给处于初创期的中小公司，解决这一问题的关键是建立银企长期的合作关系。

许多发达国家在战后恢复经济生产时都采用了"主银行制度"，如德国和日本。"主银行制度"的核心思想就是建立银企间长期的合作关系，银企之间相互持股，长期有存贷往来。对于银行来说，与公司的长期合作有利于深度了解公司发展状况，降低银行的信息搜寻成本和坏账比例；而对于公司来说，与银行的长期合作能够获得长期的资金来源以及低息的贷款，降低融资成本。对于与银行保持长期贷款关系的公司，银行可以创新贷款制度，如设计累进递减利率贷款，对还贷及时、信誉良好的公司给予每3~5年酌减一定比例利率的优惠，并适当地提高优质公司长期贷款承诺的额度上限。

此外，对于战略性新兴产业中的中小公司，银行体系可以帮助其创新贷款产品。例如，建立银行间战略性新兴产业集合贷款，打包若干家银行贷款组成集合贷款，再分散放贷给一组符合条件并经过银团筛选的公司，以达到分散风险的目的。再如，银行可以设计组合贷款，以利率优惠为前提，对于关联公司或者上下游公司组合贷款，在贷款条件中设定债务人互相赔付比例，使接受贷款的公司形成相互担保的局面，减少银行风险。

四　构建奖罚机制，减少信贷主体道德风险

由博弈分析可知，构建企业信贷违约奖罚机制对约束企业行为、减少道德风险具有显著的作用。目前的银行信贷违约对于企业而言成本较小，企业可以利用银行资金从事高风险、高收益的业务，银行承担风险而企业受益，一旦经营失败，破产清算即可，这种制度设计无疑助长了企业的违约动机，因此，需要借助信息平台构建奖罚机制。

企业信贷违约主要分为"拖延期限"和"有借无还"两种情

况。对于拖延还款期限但主动申请延期的企业不应进行处罚，而恶意拖欠借款的企业应当予以罚金和信誉度两个层面的处罚。信誉度处罚绑定"法人"与"自然人"，处罚结果以及企业的名称、CEO、董事会成员/主管人员名单在信息平台公布，并随即列入整个银行体系的"违约客户名单"，降低其在未来获得银行贷款的可能性或者额度，并提高其未来贷款利率。对于"有借无还"型企业依法追究责任。而对于按时还贷的优质企业，按照银企合作年份或者金额给予未来贷款承诺、降低利率奖励等，奖励信息同样在信息平台公开，以激励其他借款企业积极还贷。

当然，奖罚机制属于事后处理，对于银行信贷管理而言，更重要的是事前预警。首先，银行体系需强化客户评级和筛选，拟定客户及潜在客户名单，根据名单实行差别化授信管理；其次，依托信息平台，建立企业信贷违约预警机制，将违约预警指标与信息平台数据相关联，达到指标上限时自动预警；最后，定期审核重要客户，分阶段发放信贷资金，减少信贷违约的损失。

第三节　股权融资应多领域完善
并拓展境外市场

直接融资能够改善战略性新兴产业的融资约束状况，对于战略性新兴产业来说具有正效应，在企业的融资结构中发挥着难以替代的作用，而当前我国对战略性新兴产业的直接融资活动还有许多地方尚不规范以及存在改进空间。为了发挥直接融资在企业经营中的作用，提高股权融资效率，优化战略性新兴产业融资结构，降低融资成本，扩大融资规模，本章针对股权融资提出如下改进建议。

一 再定义资本市场准入门槛，创新产品

目前我国债券市场和股票市场的准入门槛都过高，直接将大部分的中小公司拒之门外，这也是在一些学者的实证研究中，债券融资和股权融资与战略性新兴产业发展的相关性并不显著的主要原因。

综观发达国家资本市场准入门槛的设计可以发现，支持本国实体经济的发展，特别是新兴创新产业的发展，就必须有与之相适应的资本市场准入制度作为保证。例如，美国的NASDAQ市场为拟上市公司设计了两套指标体系以满足不同条件的公司需求，在NASDAQ市场内部还设计了NASDAQ小额资本市场，准入门槛进一步降低，拟上市公司的净资产只需要达到400万美元。德国的德意志交易所为不同层次的拟上市公司设计了高级市场、一般市场、初级市场和准入市场四大板块，初级市场和准入市场的要求相较于高级市场要宽松许多，主要面向新兴公司和中小规模公司。

我国的资本市场应当借鉴美国资本市场和德国资本市场的设计框架和准入门槛指标限定规则，适当地调低债券市场和股市创业板的准入门槛，或者在现有框架的基础上设计多套指标体系，拓展资本市场的覆盖面。

此外，建议以央行为牵头机构，组织证券公司、投资银行和信托机构积极创新金融产品，针对战略性新兴产业的发展特点和资金需求现状，借鉴发达国家资本市场金融创新路径，设

计出适合我国战略性新兴产业发展的投融资工具。

二 股东合理行使权力，避免过度干预

股权投资的主流退出方式是在被投企业进行 IPO（首次公开发行）后将股权在公开市场进行交易，为了保证被投企业能够成功上市，投资后作为企业股东的机构往往会参与企业发展的后续进程，作为风险控制的又一环节。在投后管理中，股权投资机构参与企业运营，提供管理经验。然而根据实证结果，股权过度分散会影响企业的经营绩效，这往往是由于股东与原有管理团队经营理念不同，企业发展战略不连贯和经营决策不明晰。为了规避投后管理产生的负效应，股权投资机构应该充分尊重原有管理团队，扮演"智囊团"角色，而不能过度干预企业正常发展。除此之外，在投资过程中，为了进行风险控制，投资机构通常会与被投企业签署对赌协议，让企业达到一定财务指标。然而对于企业而言，营收情况、净利润等财务指标未必能反映其真实价值和可持续发展水平，所以应当通过与投资者积极沟通的方式，避免为了完成直接融资的对赌协议而在企业经营过程中产生违背企业发展战略、损害未来发展长远利益的行为。

机构投资者能够为被投企业提供的增值服务更多体现在资源整合上。作为各个战略性新兴产业企业的股东，股权投资机构应该充分扮演股东角色，将产业链上不同被投企业联系起来，成为企业之间资源转换的渠道，整合产业链上下游，为企业发展提供充足资源，从而实现协同效应，实现不同企业共赢。同时股权投资机构也可以通过对其投入资金进行监管，从而达到

对企业运营进行软约束的效果。尽管直接融资可以减轻企业的还贷压力，降低融资成本，但融资资金对企业经营绩效的影响也依赖企业对资金的合理使用。如果企业缺乏融资软约束，低成本融资也会诱使企业经营者轻视资金的利用效率，将筹集的资金用于规模扩张，从而对企业绩效产生负面影响。

三　投融资能力双提高，消除信息不对称

在直接融资的过程中，逆向选择作为资本市场的信息困境贯穿始终。由于我国上市门槛高，仅有少部分企业股权才能上市交易，实现机构的投资变现，所以机构在遴选投资对象时有充分的避险情绪，偏好投资规模更大的企业。同时投资机构由于难以获知企业真实价值，对于优质企业倾向于以行业平均水平定价。因此对于企业来说，仅仅凭借自身研发水平并不能得到机构投资者的青睐，还要通过其专业的融资能力来提高融资效率并成功利用资金。为了在融资过程中消除信息不对称，也为了使企业得到合理的高估值，企业对投资方除了在签订保密合同的前提下主动披露企业信息、配合进行必要的尽职调查之外，更需要积极主动展示自身实力。因此企业要积极公开其研发成果，展现自身的市场潜力，可以通过参加行业交流会、展览、路演等与投资方接触，也可以委托中介机构为企业和投资者牵线搭桥，为其提供更多与投资机构交流的机会。

信息不对称对企业和投资机构而言都是一大挑战。在信息不对称的情况下，投资机构倾向于以行业内不同水平企业的平均估值定价，而针对低水平企业给出平均估值对投资机构来说则损失莫大。为了尽力消除信息不对称现象，投资机构必须做

好投资前对行业和企业的研究工作，进行完整规范的尽职调查，从而保障机构资金的有效利用。而在战略性新兴产业的直接融资过程中，提高专业投资能力不仅要求投资机构充分接触高质量企业，了解其财务水平和商业模式，更需要对产业和技术有独到理解，了解企业的技术储备，并对其商业模式中的技术壁垒、市场前景、竞争优势进行判断，综合考量企业及其产业的价值，如此才能提高其投资成功率，从而使得机构良性发展。

四 便利境外投资者，提高市场专业度

尽管我国目前证券市场开放程度不断提高，如"沪港通""深港通"的开通，以及合格境外机构投资者（QFII）制度、人民币合格境外机构投资者（RQFII）制度相继解除限制，但境外投资者对A股投资仍存在较大约束。根据中国证监会对境外投资者持股比例的规定，单个合格境外投资者不能持有超过单个上市公司10%以上股份，同时上市公司境外持股比例总和不能超过30%。对外资持股比例的上限规定影响了境外投资机构在我国资本市场的活跃程度。而引入境外投资机构，能够提高我国资本市场的国际化程度，能够接轨发达资本市场先进的投资理念，引导境内投资者提高专业性以适应我国资本市场发展，缓解部分境内投资者的投机、短线投资偏好，更加注重被投企业本身的发展，从而形成共同进步的共赢局面。

为了发挥国际资本的作用、提高我国证券市场开放程度、使资本市场与国际充分接轨，我国证券监管部门应该考虑进一步放开境外投资限制，积极引入合格境外投资者，并且为其提供保护。具体而言，可以在做好风险防范的基础上，在部分板

块试点放宽境外持股比例的限制，逐步探索境外资本更大规模持股对我国资本市场的效益变化。

第四节　风险资本应加强制度和平台建设

在发达国家，风险资本是高新技术产业的主要资金来源之一，风险投资的特点是高风险高收益、无抵押无担保、绑定高科技领域并且不以长期持股为目的，这些显著的特点与战略性新兴产业可谓"无缝连接"，匹配度非常高。美国的风险资本市场是全球领先的 VC 和 PE 市场，由于政府的政策支持和健全的制度，美国风险投资的飞速发展大力支持了美国民族工业的腾飞，并造就了美国制造业诸多技术领域的"No.1"。而我国风险资本起步晚，发展速度较慢，相较于美国等发达国家，我国风险资本市场尚有较大的提升空间。

目前我国风险资本的投向和战略性新兴产业的需求匹配度不高，从风险资本投向的集中性和战略性新兴产业较少获得风险资金支持的现状来看，风险资本的供需双方存在严重的信息不对称情况，并且风险资本急需制度领域的保障。

一　加大国家政策向风险投资领域的倾斜力度

风险投资在我国发展缓慢的首要原因就是国家相关政策的缺失，由于金融市场发展迟缓、资本项下尚未完全开放等种种原因，国家在金融领域的管制较多、灵活性较差，特别是在风险投资领域。近年来，一般只是政府主导的风险投资和外资风险投资发展得较为理想，天使投资、机构非专业投资和机构专业投资近年来的发展都较为迟缓，特别是 2020 年受新冠肺炎疫情的影响，国内有 1/3 的风险投资陷入停滞状态。

首先，推进风险投资的发展应该在国家政策上得到大力的支持，目前针对风险投资领域的政策法规较少，如何规范风险投资市场？如何保障 VC 和 PE 们的基本利益？如何引导资金投向产业发展急需领域？如何帮助风险投资获利退出？这些都需要一系列的法律法规安排和制度保障。其次，我国民风淳朴保守，储蓄资金丰裕，养老基金、保险基金等一些巨额资金尚处于"呆滞"状态。这些基金的投资渠道有限、利润率极低，可以组织金融专家、精算师、VC 基金经理人等组成专项小组，探讨养老基金、保险基金、社保基金等能够适当放开投资的比例，增加机构型风险资本的来源。再次，我国风险资本管理人才匮乏的现象已经持续几十年，国家政策应当在风险资本基金组建和风险基金管理人培育等领域加大政策倾斜和投入力度，为我国风险资本的持续发展奠定基础。最后，我国风险投资机构大多采用公司制，包括有限责任公司和股份有限公司两种形式。公司制风险投资机构必须严格遵守《公司法》规定。虽然公司制是一种很完善的管理制度，但是对于风险投资行业来说，却不是最适合的。比如，公司制的风险投资机构只能依靠官方资本作为筹资的主要来源，不能有效调动各种资本进入风险投资领域；又如，公司制的组织形式不能有效化解投资者与风险投资家之间的利益冲突，会影响投资者的投资兴趣。建议从法律层面扩大风险资本的制度适用范围，提高风险资本的本土生存系数。

二　建立健全风险投融资接洽平台

我国当前的风险投资领域被少数风投机构垄断，例如，红杉资本、3i集团、凯普基金等专业风投机构发展势头强劲，而一般的风险投资基金和天使投资人的生存空间较小。这在很大程度上是缘于风险资本供需双方信息不对称造成的资源错配和风险资本集中。信息不对称是战略性新兴产业融资难、部分资金使用效率低的主要原因，战略性新兴产业的创新性和新兴性导致资金的供给方很难获得即时更新的公司发展数据，大多数潜在投资者甚至无法理清产业发展的脉络。目前我国的战略性新兴产业信息平台较为散乱和粗糙，数据陈旧且不具有权威性。

解决信息不对称问题的关键是信息沟通。为保证信息的完整性、真实性和权威性，中央政府可以责令工信部、财政部、商务部和央行联合组建"战略性新兴产业发展研究中心"，对七大战略性新兴产业以其细分产业进行跟踪研究，从国家层面搭建新兴产业发展信息平台，每季度发布《战略性新兴产业发展现状及投融资指南》。

更重要的是尽快建立健全风险投融资接洽平台。总体而言，基于国家发展战略和产业发展规划，风险投融资接洽平台应当由政府部门与市场主体共同建立，一方面保证平台上信息发布的准确、合规、公正，另一方面保障平台与市场接轨，提高平台的使用频率和使用效率。风险投融资接洽平台应当至少包括政府支持政策发布及政策解读、产业发展评估指标体系及评估结果、产业中龙头公司情况介绍、各产业中的中小公司投融资对接平台、公司投融资咨询及风险评估、产业发展展望和风险投资基金等七大板块。其中，政府支持政策发布及政策解读和产业发展展望向风险资本和社会资本透露国家对各产业的支持力度和中长期规划，具有"风向标"的作用，避免资金投向错误而导致的不必要的损失；风险投资基金板块介绍当前可以投资的风险投资基金的规模、兴趣偏好和投资路径；而产业中龙头公司情况介绍、各产业中的中小公司投融资对接平台、公司投融资咨询及风险评估等板块是整个平台的核心板块，需要详尽地披露产业和企业的情况，在适当的条件下接受相关风险投资基金的尽职调查，打通 VC、PE 与企业的投融资通道，减少搜寻成本，增加优质企业获得风险资本的可能性。

风险投融资接洽平台建议实行实名制注册，保证用户信息的真实性，并追究虚假信息发布者的法律责任；公司法人发布的任何财务信息和公司发展信息须经过有资质的会计师事务所和律师事务所认证，以降低投资风险，增强投资者的信心，提高投融资对接的成功率。

三 建立风险控制"三步走"机制

我国是储蓄大国，储蓄金额的连年增长与战略性新兴产业的资金匮乏形成鲜明对比。储蓄金额的连年增长一方面证明了我国经济发展的实力，另一方面也说明了大量资金并未找到适合的投资渠道。在巨额的储蓄资金中，有相当一部分比例的资金在合适的条件下是可以转化为风险资本支持民族工业发展的。因此，如何将社会资本引入支持战略性新兴产业发展的轨道需要解决投资风险问题。储蓄与投资的最大差别在于风险的不同，因此，盘活社会资本的关键在于建立风险控制机制。

风险控制机制包括三方面的内容：事前预警、事中分散和事后处理。其中，事前预警需依赖国家层面新兴产业发展信息平台的建立、完善以及《战略性新兴产业发展现状及投融资指南》的定期发布，增加产业和公司发展的透明度，减少因信息不对称产生的风险。

事中分散需要投资组合、投资配套、补偿和保底条款等多领域机制的建立健全，投资组合主要指的是在风险资本投向战略性新兴产业的时候应当本着分散投资的原则，分散风险；投资配套则主要指 PPP 融资模式，政府和私人按照一定比例共同出资，以政府信誉为社会资本树立信心；而补偿和保底条款等机制的建立健全归根结底还是需要政府出台相关的政策进行支持。

事后处理是在风险投资出现问题、投资方出现损失后进行的补救措施，在这方面可以考虑引入保险公司或者政策性银行作为投融资担保方，或者对于关系国计民生的重要产业，政府可以出台为投资失败的风险投资方提供一定比例补贴的"兜底"政策，激发风险资本的投入热情，促进企业的长足发展。

四　企业强化创新壁垒，保障融资能力

在风险投资的过程中，战略性新兴产业作为融资方需要重点关注的是其创新能力的提高和融资专业能力的建设。战略性新兴产业的价值根源是创新，企业如果失去了其创新能力，也就失去了活力和在行业中竞争的能力。风险资本能够为企业带来进行研发和投资活动的资金，却无法为企业带来创新能力；

而站在投资机构的角度看，企业也唯有具备一流的研发实力和丰富的技术储备，拥有对应产业的技术"护城河"，能够在市场上立足并最终获得成功，才具备投资的价值。基于这一投资逻辑，成功的风险投资往往是投资机构对有足够研发实力却急需资金的企业进行投资，企业借助资本的力量进一步开发与生产产品，提高技术水平。因此战略性新兴产业中的企业必须把创新作为企业的本色和职责所在，将创新目标贯彻到企业运营的每个环节。

对于战略性新兴产业而言，同行业企业竞争激烈，也必须通过创新产品来获得市场，否则会难以跟上市场进步的脚步，最终遭到市场的淘汰。而要使企业创新水平达到理想程度，必须加大企业的研发投入，提高研发在经营投入中的水平，同时密切跟踪市场动向，紧跟用户需求，瞄准痛点，才能在传统产品中获得革新与进步，让风险资本的出资方看到企业的发展前景，缓解其融资约束，最终形成良性循环。最后，在引入风险资本的过程中，作为资金需求方的企业不仅需要关注资金获得的问题，还需要选择管理能力强、人脉广、具备市场拓展能力的投资方，这样才能够帮助企业实现全方位的成长，也有利于风险投资的尽早获利、尽早退出。

参考文献

《2018 年全国政府采购简要情况》，中央人民政府网，2019 年 9 月 6 日，http：//www. gov. cn/xinwen/2019-09/06/content_5427829. htm。

《2018 年全球 CVC 行业发展现状与市场趋势分析 全球企业风险投资活跃【组图】》，前瞻经济学人网站，2019 年 6 月 8 日，https：//www. qianzhan. com/analyst/detail/220/190605-e480dc8f. html。

《2018 年中国生物医药行业发展现状及未来发展趋势分析【图】》，产业信息网，2018 年 8 月 16 日，https：//www. chyxx. com/industry/201808/667957. html。

《2019 年前 11 月中国汽车行业市场现状及发展前景分析 全年新能源汽车销量或将负增长》，前瞻产业研究院网站，2019 年 12 月 11 日，https：//bg. qianzhan. com/trends/detail/506/191211-98c3bb73. html。

《2019 年上半年节能环保产业发展现状及节能环保行业发展

趋势分析》，北极星大气网，2019 年 11 月 5 日，http：//huanbao. bjx. com. cn/news/20191105/1018567. shtml。

《2019 年中国新能源行业市场分析：三大层面发力发展，平价上网政策将带来三重机遇》，前瞻产业研究院网站，2019 年 8 月 1 日，https：//bg. qianzhan. com/report/detail/300/190801 - 3f8b5b51. html。

《2020 年国内创投市场的 1 万亿投融资，近 4 成被 1.79% 的融资事件拿走》，"烯牛数据"百家号，2021 年 1 月 27 日，https：//baijiahao. baidu. com/s？id = 1690035542643834459& wfr = spider&for = pc。

《2020 年全球独角兽企业发展现状分析 中国数量估值均全球领先》，雪球网，2020 年 4 月 17 日，https：//xueqiu. com/8302426719/147131219。

《2020 全球风险投资报告：欧洲增长，美国放缓，中国跌落悬崖》，知乎，2020 年 7 月 16 日，https：//zhuanlan. zhihu. com/p/160781998。

安同信、范跃进、刘祥霞：《日本战后产业政策促进产业转型升级的经验及启示研究》，《东岳论丛》2014 年第 10 期。

安同信、刘祥霞：《破解中国科技型中小企业融资难问题的路径研究——基于日本经验的借鉴》，《理论学刊》2015 年第 10 期。

白钦先、高霞：《日本产业结构变迁与金融支持政策分析》，《现代日本经济》2015 年第 2 期。

《报告显示 2020 年我国新一代信息技术各领域同比增势明显》，电子信息产业网，2021 年 7 月 13 日，http：//www.

cena. com. cn/ia/20210713/112475. html。

《财政部 国家税务总局关于创业投资企业和天使投资个人有关税收试点政策的通知》（财税〔2017〕38号），国家税务总局官网，2017年4月28日，http：//www. chinatax. gov. cn/chinatax/n810341/n810765/n2511651/201704/c2712717/content. html。

《财政部 海关总署 税务总局关于支持集成电路产业和软件产业发展进口税收政策的通知》（财关税〔2021〕4号），财政部官网，2021年3月16日，http：//gss. mof. gov. cn/gzdt/zhengcefabu/202103/t20210329_3677452. htm。

陈红进：《解读德、日、韩的产业结构转型升级》，《企业管理》2015年第7期。

陈辉、吴梦菲：《新三板资本市场质量评估与改革政策研究》，《金融监管研究》2020年第2期。

陈玲、杨文辉：《政府研发补贴会促进企业创新吗？——来自中国上市公司的实证研究》，《科学学研究》2016年第3期。

储德银、杨姗、宋根苗：《财政补贴税收优惠与战略性新兴产业创新投入》，《财贸研究》2016年第5期。

寸晓宏、巩福培：《高新技术产业高端化与产业集群升级》，《学术探索》2017年第11期。

邓超、张恩道、樊步青、许志勇：《政府补贴、股权结构与中小创新型企业经营绩效研究——基于企业异质性特征的实证检验》，《中国软科学》2019年第7期。

邓欣：《浙江民营制造业升级途径研究——基于逆微笑曲线视角》，《经济论坛》2012年第10期。

杜传忠、李彤、刘英华：《风险投资促进战略性新兴产业发展的机制及效应》，《经济与管理研究》2016 年第 10 期。

段伟宇、师萍、陶建宏：《创新型企业债务结构与成长性的关系研究——基于沪深上市企业的实证检验》，《预测》2012 年第 5 期。

冯发贵、李隋：《产业政策实施过程中财政补贴与税收优惠的作用与效果》，《税务研究》2017 年第 5 期。

冯晓莉、耿思莹、李刚：《改革开放以来制造业转型升级路径研究——基于微笑曲线理论视角》，《企业经济》2018 年第 12 期。

《高端装备制造业发展空间巨大 四大方面成为地方发力重点》，爱集微网站，2018 年 12 月 5 日，https：//laoyaoba. com/html/share/news？news_id＝697824。

高晓光：《中国高技术产业创新效率影响因素的空间异质效应——基于地理加权回归模型的实证研究》，《世界地理研究》2016 年第 4 期。

高秀平：《我国新能源汽车财税政策的国际借鉴》，《理论探索》2018 年第 2 期。

高志立：《美国私募股权基金退出机制及启示》，《财会通讯》2016 年第 7 期。

《工商银行全方位助推制造业高质量发展》，中国工商银行官网，2021 年 1 月 13 日，http：//www. icbc. com. cn/icbc/%e5%b7%a5%e8%a1%8c%e9%a3%8e%e8%b2%8c/%e5%b7%a5%e8%a1%8c%e5%bf%ab%e8%ae%af/%e5%b7%a5%e5%95%86%e9%93%b6%e8%a1%8c%e5%85%a8%e6%96%b9%e4%bd%

8d%e5%8a%a9%e6%8e%a8%e5%88%b6%e9%80%a0%e4%b8%9a%e9%ab%98%e8%b4%a8%e9%87%8f%e5%8f%91%e5%b1%95. htm。

《工信部：今年中国新能源汽车产销量预计达 200 万辆》，"中国新闻网"百家号，2021 年 7 月 16 日，https：//baijiahao. baidu. com/s？id＝1705429100268529991&wfr＝spider&for＝pc。

辜胜阻、庄芹芹：《资本市场功能视角下的企业创新发展研究》，《中国软科学》2016 年第 11 期。

《关于"十四五"期间能源资源勘探开发利用进口税收政策的通知》（财关税〔2021〕17 号），财政部官网，2021 年 4 月 12 日，http：//gss. mof. gov. cn/gzdt/zhengcefabu/202104/t20210430_3695876. htm。

《关于"十四五"期间支持科技创新进口税收政策管理办法的通知》（财关税〔2021〕24 号），财政部官网，2021 年 4 月 16 日，http：//gss. mof. gov. cn/gzdt/zhengcefabu/202104/t20210427_3693272. htm。

《关于 2018 年中央和地方预算执行情况与 2019 年中央和地方预算草案的报告》，财政部官网，2019 年 3 月 18 日，http：//www. mof. gov. cn/zhengwuxinxi/caizhengxinwen/201903/t20190318_3194653. htm。

《关于 2021-2030 年支持新型显示产业发展进口税收政策的通知》（财关税〔2021〕19 号），财政部官网，2021 年 3 月 31 日，http：//gss. mof. gov. cn/gzdt/zhengcefabu/202104/t20210412_3684752. htm。

《关于集成电路设计和软件产业企业所得税政策的公告》

（财政部 税务总局公告 2019 年第 68 号），财政部官网，2019 年 5 月 17 日，http：//szs. mof. gov. cn/zhengcefabu/201905/ t20190521_3261938. htm。

《关于继续实施小微企业融资担保业务降费奖补政策的通知》（财建〔2021〕106 号），财政部官网，2021 年 4 月 25 日，http：// jjs. mof. gov. cn/zhengcefagui/202105/t20210508_3698335. htm。

《关于继续执行的车辆购置税优惠政策的公告》（财政部 税务总局公告 2019 年第 75 号），财政部官网，2019 年 6 月 28 日，http：//szs. mof. gov. cn/zt/jsjfzczl/zcfg/201906/t20190628_3287572. htm。

《关于继续执行研发机构采购设备增值税政策的公告》（财政部 商务部 税务总局公告 2019 年第 91 号），财政部官网，2019 年 11 月 14 日，http：//szs. mof. gov. cn/zhengcefabu/ 201911/t20191114_3422652. htm。

《关于明确先进制造业增值税期末留抵退税政策的公告》（财政部 税务总局公告 2021 年第 15 号），财政部官网，2021 年 4 月 23 日，http：//szs. mof. gov. cn/zhengcefabu/202104/ t20210428_3694211. htm。

《关于实施小微企业普惠性税收减免政策的通知》（财税〔2019〕13 号），财政部官网，2019 年 1 月 17 日，http：//szs. mof. gov. cn/zhengcefabu/201901/t20190118_3125682. htm。

《关于印发〈战略性新兴产业发展专项资金管理暂行办法〉的通知》（财建〔2012〕1111 号），财政部官网，2013 年 1 月 24 日，http：//jjs. mof. gov. cn/zhengcefagui/201301/ t20130124_729883. htm。

《关于印发〈重大技术装备进口税收政策管理办法〉的通知》（财关税〔2020〕2号），国家税务总局官网，2020年1月8日，http：//www.chinatax.gov.cn/chinatax/n810341/n810755/c5142591/content.html。

《关于支持"专精特新"中小企业高质量发展的通知》（财建〔2021〕2号），财政部官网，2021年1月23日，http：//jjs.mof.gov.cn/zhengcefagui/202102/t20210202_3653069.htm。

《关于支持新能源公交车推广应用的通知》（财建〔2019〕213号），财政部官网，2019年5月8日，http：//jjs.mof.gov.cn/zhengcefagui/201905/t20190508_3251282.htm。

郭宏、伦蕊：《新冠肺炎疫情下全球产业链重构趋势及中国应对》，《中州学刊》2021年第1期。

郭进：《战略性新兴产业融资效率问题研究》，博士学位论文，财政部财政科学研究所，2014。

《国际评级：2019中国新能源汽车发展产业报告》，搜狐网，2019年9月24日，http：//www.sohu.com/a/343120824_678306。

《国务院办公厅关于推广第三批支持创新相关改革举措的通知》（国办发〔2020〕3号），中央人民政府网，2020年2月21日，http：//www.gov.cn/zhengce/content/2020-02/21/content_5481674.htm。

《国务院关于加快培育和发展战略性新兴产业的决定》（国发〔2010〕32号），中央人民政府网，2010年10月18日，http：//www.gov.cn/zwgk/2010-10/18/content_1724848.htm。

《国务院关于同意在石家庄等24个城市设立跨境电子商务

综合试验区的批复》（国函〔2019〕137 号），中央人民政府网，2019 年 12 月 24 日，http：//www. gov. cn/zhengce/content/2019-12/24/content_5463598. htm。

《国务院关于印发"十三五"国家战略性新兴产业发展规划的通知》（国发〔2016〕67 号），中央人民政府网，2016 年 12 月 19 日，http：//www. gov. cn/zhengce/content/2016 - 12/19/content_5150090. htm。

《国务院关于印发节能与新能源汽车产业发展规划（2012—2020 年）的通知》（国发〔2012〕22 号），中央人民政府网，2012 年 6 月 28 日，http：//www. gov. cn/gongbao/content/2012/content_2182749. htm。

郝静：《美国支持高新技术产业发展的启示》，《中国财政》2017 年第 4 期。

何熙琼、尹长萍、毛洪涛：《产业政策对企业投资效率的影响及其作用机制研究——基于银行信贷的中介作用与市场竞争的调节作用》，《南开管理评论》2016 年第 5 期。

胡吉亚：《科技金融助力战略性产业高端化的逻辑、绩效与着力点》，《北京社会科学》2021 年第 7 期。

胡吉亚：《外源融资模式与战略性新兴产业经营绩效实证研究——基于 120 家战略性新兴产业上市公司的面板数据》，《学海》2020 年第 1 期。

胡凯、吴清：《R&D 税收激励产业政策与企业生产率》，《产业经济研究》2018 年第 3 期。

黄萃、苏竣、施丽萍、程啸天：《中国高新技术产业税收优惠政策文本量化研究》，《科研管理》2011 年第 10 期。

黄青山、邓彦、赵天一：《战略性新兴产业融资结构与经营绩效关系研究——以珠三角上市公司为例》，《会计之友》2013年第18期。

黄群慧：《"双循环"新发展格局：深刻内涵、时代背景与形成建议》，《北京工业大学学报》（社会科学版）2021年第1期。

黄生权、唐小敏：《股权激励和内部控制对上市公司融资约束的影响——基于2009—2018年战略性新兴产业数据》，《湖南农业大学学报》（社会科学版）2020年第2期。

黄宇荣：《股权集中度、技术创新能力与企业成长性的关系研究》，硕士学位论文，天津财经大学，2016。

贾康：《完善环保产业税收优惠政策》，《中国金融》2013年第7期。

金永红、奚玉芹：《风险投资退出机制的国际比较与我国的现实选择》，《科技管理研究》2007年第11期。

《聚焦长三角区域 云签约50亿元专项额度!》，招商银行官网，http：//www. cmbchina. com/cmbinfo/news/newsinfo. aspx？guid＝f20d851e-c2c1-4f31-acc4-241c85b348c9。

《聚焦党的十九届五中全会公报要点（图）》，人民网，2020年10月29日，http：//finance. people. com. cn/n1/2020/1029/c1004-31911568. html。

李东阳、蔡甜甜、崔晔：《中国战略性新兴产业企业国际化能力影响因素研究》，《财经问题研究》2018年第6期。

李志浩、刘昭、裴亚辉等：《供给侧结构性改革下中小企业融资问题研究——基于非完全信息静态博弈视角》，《金融理论与实践》2018 年第 4 期。

梁益琳、张玉明：《创新型中小企业与商业银行的演化博弈及信贷稳定策略研究》，《经济评论》2012 年第 1 期。

《（两会受权发布）中华人民共和国国民经济和社会发展第十四个五年规划和 2035 年远景目标纲要》，新华网，2021 年 3 月 13 日，http：//www. xinhuanet. com/2021 – 03/13/c ＿ 1127205564. htm。

林强、姜彦福：《高科技企业的人力资本制度》，《中国软科学》2001 年第 6 期。

凌江怀、胡青青：《上市公司融资结构与经营绩效相关分析——基于 2003–2010 年广东省上市公司分行业面板数据的考察》，《华南师范大学学报》（社会科学版）2011 年第 6 期。

刘广、刘艺萍：《风险投资对产业转型升级的影响研究》，《产经评论》2019 年第 3 期。

刘亮：《创业板上市公司资本结构对公司成长性影响的研究》，硕士学位论文，哈尔滨工业大学，2017。

刘维奇、高超：《中小企业贷款问题的进化博弈分析》，《中国软科学》2006 年第 12 期。

刘运、叶德磊：《银行信贷市场与股票市场促进产业升级了吗？——基于中国省域面板数据的检验》，《金融论坛》2019 年第 2 期。

刘志彪：《科技银行功能构建：商业银行支持战略性新兴产业发展的关键问题研究》，《南京社会科学》2011 年第 4 期。

陆国庆、王舟、张春宇：《中国战略性新兴产业政府创新补贴的绩效研究》，《经济研究》2014 年第 7 期。

罗如芳、周运兰、潘泽江：《债务融资结构对财务绩效的影响研究——以我国民族地区上市公司为例》，《会计之友》2015年第10期。

罗正英、周中胜、王志斌：《金融生态环境、银行结构与银企关系的贷款效应——基于中小企业的实证研究》，《金融评论》2011年第2期。

倪红福：《全球价值链中产业"微笑曲线"存在吗？——基于增加值平均传递步长方法》，《数量经济技术经济研究》2016年第11期。

乔小燕、毛东俊：《新兴产业股权融资与负债融资支持效率分析——以江苏省新能源上市公司为例》，《财会月刊》2015年第24期。

《确保金融活水"精准滴灌"到位》，中央人民政府网，2020年6月15日，http：//www.gov.cn/xinwen/2020－06/15/content_5519453.htm。

任晴、杨健健：《美国高收益债券市场特征》，《中国金融》2019年第12期。

申俊喜、杨若霞：《长三角地区战略性新兴产业全要素生产率及其影响因素研究》，《财贸研究》2017年第11期。

盛松成：《商业银行的筛选功能与宏观调控》，《金融研究》2006年第4期。

《十部委发文助力战略性新兴产业发展》，财政部官网，2011年10月19日，http：//www.mof.gov.cn/zhengwuxinxi/caizhengxinwen/201110/t20111019_600675.htm。

石大林：《股权集中度、董事会特征与公司绩效的关系研究》,《东北财经大学学报》2014年第1期。

石璋铭、谢存旭:《银行竞争、融资约束与战略性新兴产业技术创新》,《宏观经济研究》2015年第8期。

孙菊生、李小俊:《上市公司股权结构与经营绩效关系的实证分析》,《当代财经》2006年第1期。

孙晓飞:《"中国制造"产业升级的对策研究——基于"微笑曲线"视角的探讨》,《内蒙古科技与经济》2010年第4期。

孙早、肖利平:《融资结构与企业自主创新——来自中国战略性新兴产业A股上市公司的经验证据》,《经济理论与经济管理》2016年第3期。

王东刚、陈泰梆:《后地方债时代的政府融资新模式:政府投资基金》,《区域金融研究》2016年第12期。

王汉昆:《我国私募股权投资基金退出机制研究》,硕士学位论文,天津财经大学,2009。

王淼:《银政企合作博弈模型与中小微企业间接融资机制创新》,《经济研究导刊》2015年第9期。

王敏:《上市公司债务融资、公司绩效与最优资本结构》,《事业财会》2004年第5期。

王伟光、陈锡文、李扬等:《"十二五"时期我国经济社会发展改革问题笔谈》,《经济研究》2010年第12期。

王玉梅、李玉梅:《战略性新兴产业发展路径形成的影响因素分析》,《劳动保障世界》2018年第8期。

王玉荣:《中国上市公司融资结构与公司绩效》,中国经济出版社,2005。

温军、冯根福:《风险投资与企业创新:"增值"与"攫取"的权衡视角》,《经济研究》2018 年第 2 期。

文嫮、张生丛:《价值链各环节市场结构对利润分布的影响——以晶体硅太阳能电池产业价值链为例》,《中国工业经济》2009 年第 5 期。

巫景飞、郝亮:《产业升级的制度基础:微观视角下的理论分析与实证研究》,《经济问题探索》2016 年第 10 期。

吴沁:《我国中小企业板上市公司成长性与债务融资结构相关性研究》,硕士学位论文,南京财经大学,2014。

吴晓求、陶晓红、张焯:《发展中国债券市场需要重点思考的几个问题》,《财贸经济》2018 年第 3 期。

《习近平:决胜全面建成小康社会 夺取新时代中国特色社会主义伟大胜利——在中国共产党第十九次全国代表大会上的报告》,中央人民政府网,2017 年 10 月 27 日,http://www.gov.cn/zhuanti/2017-10/27/content_5234876.htm。

《习近平:全面加强知识产权保护》,半月谈官网,2020 年12 月 2 日,http://www.banyuetan.org/yw/detail/20201202/100020003313744160870011971053030_1.html。

谢洪军、张慧:《长江经济带高技术产业效率测度与异质性分析——基于三阶段 DEA 方法》,《重庆理工大学学报》(社会科学)2015 年第 11 期。

辛阳:《融资结构对企业成长性的影响》,硕士学位论文,吉林大学,2014。

《新能源汽车产业现状及其发展》,百度文库,https://wenku.baidu.com/view/39b828df7275a417866fb84ae45c3b3566ecddd0.html。

《「行业洞察」2020 年中国企业风险投资(CVC)发展报告

（简版）》，"融资中国"百家号，2020 年 7 月 24 日，https：//baijiahao.baidu.com/s？id = 1673077103015124124&wfr = spider&for = pc。

徐广军、张汉鹏：《美国产业演进模式与我国产业结构升级》，《经济与管理研究》2006 年第 8 期。

徐建军、杨晓伟：《政府创业投资引导基金促进"创新创业"的绩效评价与提升策略——以宁波市为例》，《科技与经济》2019 年第 1 期。

徐兰、刘慧：《逆全球化背景下提升制造业全球价值链地位的路径探讨》，《对外经贸实务》2021 年第 1 期。

许珂、耿成轩：《新一代信息技术产业股权融资效率研究——基于外部融资生态评价和三阶段 DEA 分析》，《技术经济与管理研究》2019 年第 3 期。

闫俊周、杨祎：《中国战略性新兴产业供给侧创新效率研究》，《科研管理》2019 年第 4 期。

闫云凤：《全球价值链位置决定价值获取程度吗？——基于长度和强度的产业"微笑曲线"检验》，《南京财经大学学报》2018 年第 5 期。

燕志雄、张敬卫、费方域：《代理问题、风险基金性质与中小高科技企业融资》，《经济研究》2016 年第 9 期。

杨敏利、丁文虎、郭立宏：《创业投资引导基金参股对创投机构后续募资的影响研究》，《预测》2017 年第 5 期。

杨姗：《财政补贴、税收优惠对战略性新兴产业创新活动的影响研究》，硕士学位论文，安徽财经大学，2017。

《一文带你了解 2020 年一季度全球风险投资市场现状及发展

趋势分析 风险投资交易降温【组图】》，前瞻经济学人网站，2020 年 5 月 19 日，https：//www. qianzhan. com/analyst/detail/220/200518-2fb01404. html。

《以新金融力量助力科创中小企业发展——建设银行在深发布"创业者港湾"品牌》，中国建设银行官网，2019 年 9 月 24 日，http：//group2. ccb. com/cn/ccbtoday/newsv3/20190924_1569308061. html。

尹丽琴：《我国高技术制造业行业异质性与发展能力研究》，硕士学位论文，山西财经大学，2017。

余淼杰：《"大变局"与中国经济"双循环"发展新格局》，《上海对外经贸大学学报》2020 年第 6 期。

袁中华、刘小差：《后危机时代我国新兴产业发展的金融支持研究》，《新金融》2010 年第 5 期。

〔英〕约翰·梅纳德·凯恩斯：《就业、利息和货币通论》（重译本），高鸿业译，商务印书馆，1999。

曾刚、耿成轩：《基于 Super-SBM 和 Logit 模型的战略性新兴产业融资效率及影响因素研究》，《科技管理研究》2019 年第 16 期。

《战略性新兴产业分类（2018）》（国家统计局令第 23 号），国家统计局网站，2018 年 11 月 26 日，http：//www. stats. gov. cn/tjgz/tzgb/201811/t20181126_1635848. html。

张军、龚建立：《科技人员激励因素研究》，《科学学与科学技术管理》2002 年第 8 期。

张明喜、朱云欢：《我国中小企业债券市场发展：创新、不足与对策》，《南方金融》2015 年第 4 期。

张信东、贺亚楠、马小美：《R&D 税收优惠政策对企业创新产出的激励效果分析——基于国家级企业技术中心的研究》，《当代财经》2014 年第 11 期。

张玉明、王墨潇：《中小企业债务融资结构与企业成长——基于中小板上市公司的实证研究》，《经济与管理评论》2013 年第 4 期。

赵昌文、陈春发、唐英凯：《科技金融》，科学出版社，2009。

赵婉婷：《高新技术企业风险投资退出机制的国际比较》，《财会通讯》2020 年第 12 期。

赵婉妤、王立国：《中国产业结构转型升级与金融支持政策——基于美国和德国的经验借鉴》，《财经问题研究》2016 年第 3 期。

赵玮、温军：《风险投资介入是否可以提高战略性新兴产业的绩效?》，《产业经济研究》2015 年第 2 期。

赵彦云、秦旭、王杰彪：《"再工业化"背景下的中美制造业竞争力比较》，《经济理论与经济管理》2012 年第 2 期。

赵玉林、石璋铭、汪芳：《战略性新兴产业与风险投资发展协整分析——来自中国高技术产业的经验分析》，《科技进步与对策》2013 年第 13 期。

郑超、黄攸立：《国有企业知识型员工激励机制的现状调查及改进策略》，《华东经济管理》2001 年第 S1 期。

郑宇：《我国私募股权基金的投资回报分析》，《金融经济》2015 年第 22 期。

郑振雄、陈鸿翼：《财政政策对战略性新兴产业创新绩效影响——基于实证分析研究》,《重庆工商大学学报》(社会科学版) 2019 年第 2 期。

《中关村科技园区开行"信贷快车"》,《人民日报》(海外版) 2007 年 9 月 4 日,第 5 版。

中国工程科技发展战略研究院:《2019 中国战略性新兴产业发展报告》,科学出版社,2018。

中国工程科技发展战略研究院:《2020 中国战略性新兴产业发展报告》,科学出版社,2019。

中国工程科技发展战略研究院:《2021 中国战略性新兴产业发展报告》,科学出版社,2020。

《中国工商银行股份有限公司 2020 年度报告》,http://v. icbc. com. cn/userfiles/Resources/ICBCLTD/download/2021/2020ndbgA20210326. pdf。

《中国建设银行股份有限公司 2019 年年度报告》,http://www. ccb. com/cn/investor/20200329 _ 1585474539/20200330202651881643. pdf。

《中国建设银行股份有限公司 2020 年年度报告》,http://www. ccb. com/cn/investor/notice/20210326 _ 1616773938/20210326234936057899. pdf。

《中国农业银行 2019 年年度报告(A 股)》,http://www. abchina. com/cn/AboutABC/investor_relations/report/am/202003/t20200330_1878191. htm。

《中国农业银行股份有限公司 2020 年度报告》,http://www. abchina. com/cn/AboutABC/investor _ relations/announcements/a-announcement/202103/t20210330_1978184. htm。

中国社会科学院经济研究所《中国经济报告（2020）》总报告组:《全球经济大变局、中国潜在增长率与后疫情时期高质量发展》,《经济研究》2020 年第 8 期。

《中国银行 2019 年年度报告（A 股印刷版）》,https://www.boc.cn/investor/ir3/202004/t20200427_17793570.html。

《中国银行股份有限公司 2020 年年度报告》,https://www.boc.cn/investor/ir3/202103/t20210330_19212227.html。

《中行举办签约仪式 投贷联动业务全面铺开》,中国银行官网,2016 年 12 月 16 日,https://www.boc.cn/aboutboc/bi1/201612/t20161216_8279197.html。

周茂、陆毅、符大海:《贸易自由化与中国产业升级:事实与机制》,《世界经济》2016 年第 10 期。

周敏:《创新绩效与高新技术企业出口行为关系研究——基于企业异质性理论视角》,《理论月刊》2016 年第 7 期。

周亚虹、蒲余路、陈诗一、方芳:《政府扶持与新型产业发展——以新能源为例》,《经济研究》2015 年第 6 期。

Ahsan Habib, "Corporate Transparency, Financial Development and the Allocation of Capital: Empirical Evidence," *Abacus* 44 (2008): 1–21.

Allen N. Berger, Emilia Bonaccorsi di Patti, "Capital Structure and Firm Performance: A New Approach to Testing Agency Theory and an Application to the Banking Industry," *Journal of Banking and Finance* 30 (2006): 1065–1102.

Amar V. Bhide, *The Origin and Evolution of New Businesses* (New York: Oxford University Press, 2003).

Aydin Ozkan, "The Determinants of Corporate Debt Maturity: Evidence from UK Firms," *Applied Financial Economics* 12 (2002): 19-24.

Bjorn Alecke, Timo Mitze, Janina Reinkowski, Gerhard Untiedt, "Does Firm Size Make a Difference? Analyzing the Effectiveness of R&D Subsidies in East Germany," *German Economic Review* 13 (2011): 174-195.

Byung K. Sohn, Kyung-Nam Kang, "The Role of Venture Capital on Innovation in the Korean Biotechnology Industry," *International Journal of Trade, Economics and Finance* 6 (2015): 181.

Charles Bérubé, Pierre Mohnen, "Are Firms that Receive R&D Subsidies More Innovative?" *Canadian Journal of Economics/Revue Canadienne Déconomique* 42 (2009): 206-225.

Christian Köhler, Philippe Laredo, Christian Rammer, "The Impact and Effectiveness of Fiscal Incentives for R&D," Working Paper No. 12, 2012.

Dirk Czarnitzki, Bernd Ebersberger, Andreas Fier, "The Relationship between R&D Collaboration, Subsidies and R&D Performance: Empirical Evidence from Finland and Germany," *Journal of Applied Econometrics* 22 (2007): 1347-1366.

Dirk Engel, Max Keilbach, "Firm-Level Implications of Early Stage Venture Capital Investment: An Empirical Investigation," *Journal of Empirical Finance* 14 (2007): 150-

167.

Donghua Chen, Oliver Z. Li, Fu Xin, "Five-year Plans, China Finance and Their Consequences," *China Journal of Accounting Research* 10 (2017): 189-230.

Fabio Bertoni, Massimo G. Colombo, Anita Quas, "The Role of Governmental Venture Capital in the Venture Capital Ecosystem: An Organizational Ecology Perspective," *Entrepreneurship: Theory and Practice* 43 (2019): 611-628.

Fabio Bertoni, Tereza Tykvova, "Does Governmental Venture Capital Spur Invention and Innovation? Evidence from Young European Biotech Companies," *Research Policy* 44 (2015): 925-935.

Hanna Hottenrott, Bettina Peters, "Innovative Capability and Financing Constraints for Innovation: More Money, More Innovation?" *Review of Economics and Statistics* 94 (2012): 1126-1142.

Heitor Almeida, Daniel Wolfenzon, "The Effect of External Finance on the Equilibrium Allocation of Capital," *Journal of Financial Economics* 75 (2005): 133-164.

Hiroshi Ohashi, "Learning by Doing, Export Subsidies, and Industry Growth: Japanese Steel in the 1950s and 1960s," *Journal of International Economics* 66 (2005): 297-323.

James R. Brown, Steven M. Fazzari, Bruce C. Petersen, "Financing Innovation and Growth: Cash Flow, External Equity, and the 1990s R&D Boom," *The Journal of Finance* 64 (2009):

151-185.

James R. Brown, Gustav Martinsson, Bruce C. Petersen, "Do Financing Constraints Matter for R&D?" *European Economic Review* 56 (2012): 1512-1529.

Jean-Noel Barrot, "Investor Horizon and the Life Cycle of Innovative Firms: Evidence from Venture Capital," *Management Science* 63 (2016): 2773-3145.

Jeffrey Wurgler, "Financial Markets and the Allocation of Capital," *Journal of Financial Economics* 58 (2000): 187-214.

Josh Lerner, *Boulevard of Broken Dreams: Why Public Efforts to Boost Entrepreneurship and Venture Capital Have Failed and What to Do About It* (Princeton: Princeton University Press, 2009).

Luigi Benfratello, Fabio Schiantarelli, Alessandro Sembenelli, "Banks and Innovation: Microeconometric Evidence on Italian Firms," *Journal of Financial Economics* 90 (2008): 197-217.

Marc J. Melitz, "The Impact of Trade on Intra-Industry Reallocations and Aggregate Industry Productivity," *Econometrica* 71 (2003): 1695-1725.

Maryann P. Feldman, Maryellen R. Kelley, "The Ex Ante Assessment of Knowledge Spillovers: Government R&D Policy, Economic Incentives and Private Firm Behavior," *Research Policy* 35 (2006): 1509-1521.

Massimo G. Colombo, Douglas J. Cumming, Silvio Vismara, "Governmental Venture Capital for Innovative Young Firms," *The*

Journal of Technology Transfer 41 (2016): 10-24.

Michael J. Barclay, Clifford W. Smith, "The Maturity Structure of Corporate Debt," *Journal of Finance* 50 (1995): 609-631.

Michael J. Highfield, "On the Maturity of Incremental Corporate Debt Issues," *Quarterly Journal of Finance and Accounting* 47 (2008): 45-67.

Michael L. Lemmon, Jaime F. Zender, "Debt Capacity and Tests of Capital Structure Theories," *Journal of Financial and Quantitative Analysis* 45 (2010): 1161-1187.

Miguel Meuleman, Wouter De Maeseneire, "Do R&D Subsidies Affect SMEs' Access to External Financing?" *Research Policy* 41 (2012): 580-591.

Mike Burkart, Denis Gromb, Fausto Panunzi, "Large Shareholders, Monitoring, and the Value of the Firm," *The Quarterly Journal of Economics* 112 (1997): 693-728.

Nick Bloom, Rachel Griffith, John Van Reenen, "Do R&D Tax Credits Work? Evidence from a Panel of Countries 1979 - 1997," *Journal of Public Economics* 85 (2002): 1-31.

Oliviero A. Carboni, "The Effect of R&D Subsidies on Private R&D: Evidence from Italian Manufacturing Data," Working Paper Crenos, 2008.

Paul A. David, Bronwyn H. Hall, Andrew A. Toole, "Is Public R&D a Complement or Substitute for Private R&D? A Review of the Econometric Evidence," *Research Policy* 29 (2000): 497-

529.

Rene M. Stulz, "Financial Structure, Corporate Finance, and Economic Growth," in A. Demirgüç-Kunt and R. Levine, eds., *Financial Structure and Economic Growth: Cross-country Comparisons of Banks, Markets, and Development* (Cambridge, MA: MIT Press, 2001), pp. 143-188.

Saeid Abbasian, Darush Yazdanfar, "Attitudes towards Participation in Business Development Programmes: An Ethnic Comparison in Sweden," *European Journal of Training and Development* 39 (2015): 59-75.

Samuel Kortum, Josh Lerner, "Assessing the Contribution of Venture Capital to Innovation," *Journal of Economics* 31 (2000): 674-692.

Simon Johnson, R. La Porta, F. Lopez-de-Silanes, A. Shleifer, "Tunneling," *American Economic Review Papers and Proceedings* 90 (2000): 22-27.

Stefano Caselli, Stefano Gatti, Francesco Perrini, "Are Venture Capitalists a Catalyst for Innovation?" *European Financial Management* 15 (2009): 92-111.

Sungmin Park, "Evaluating the Efficiency and Productivity Change Within Government Subsidy Recipients of a National Technology Innovation Research and Development Program," *R&D Management* 45 (2015): 549-568.

Tadahisa Koga, "R&D Subsidy and Self-Financed R&D: The Case of Japanese High-Technology Start-Ups," *Small Business*

Economics 24 (2005): 53-62.

Tehmina Khan, "Company Dividends and Ownership Structure: Evidence from UK Panel Data," *Economic Journal* 116 (2006): C172-C189.

Thomas J. Chemmanur, Karthik Krishnan, Debarshi K. Nandy, "How Does Venture Capital Financing Improve Efficiency in Private Firms? A Look Beneath the Surface," *The Review of Financial Studies* 24 (2011): 4037-4090.

Torben Pedersen, Steen Thomsen, "Business Systems and Corporate Governance," *International Studies of Management & Organization* 29 (1999): 43-59.

Tuan Nguyen, Stuart Locke, Krishna Reddy, "Ownership Concentration and Corporate Performance from a Dynamic Perspective: Does National Governance Quality Matter?" *International Review of Financial Analysis* 41 (2015): 148-161.

Wilfred J. Ethier, "National and International Returns to Scale in the Modern Theory of International Trade," *The American Economic Review* 72 (1982): 389-405.

Yusuf O. Akinwale, Dad Dada, Adekemi Oluwadare, Olalekan A. Jesuleye, "Understanding the Nexus of R&D, Innovation and Economic Growth in Nigeria," *International Business Research* 5 (2012): 187-196.

后　记

　　"十四五"时期是我国实现第二个百年奋斗目标的起步期，也是实行双循环新发展格局、促进国民经济高质量发展的关键时期。为了更好地推进我国科技金融与战略性新兴产业发展互惠共赢，加快战略性新兴产业转型升级步伐，早日实现中华民族伟大复兴，本书以《科技金融支持战略性新兴产业发展》为题，对科技金融支持战略性新兴产业发展的总体情况、发展态势进行研究，拟为科技金融支持战略性新兴产业发展的各项制度创新、产品创新和机制创新提供决策参考。

　　本书历时两年，书中的部分内容分别发表在《北京社会科学》《软科学》《社会科学》《学海》等CSSCI核心期刊上，受到学术界知名教授、学者的一致好评。在本书即将出版之际，首先要感谢我的领导高文书校长和杨开忠院长，本书的成功出版离不开领导的谆谆教导和大力支持。本书在整个写作过程中，还获得了中国社会科学院大学应用经济学院修晶教授、经济学院王微微副教授和郑艳霞副教授的指导与点评，各位资深学者的完善与修正意见使得本书的逻辑性更强、行文更加流畅、实证环节更加严谨。

感谢中国社会科学院大学学生李梦媛、马苒迪、吴童、郑曦和陈境浓对本书第五章的资料整理，杨君慧对第五章实证研究的贡献，马凤娇对本书数据的搜集、整理以及董琪琪对本书的排版校对工作。

在此我也要感谢我的博士生导师胡海峰教授，感谢胡老师对我一直以来的关心和鞭策，我将永远铭刻在心。

最后，特别要感谢的是我的父亲胡孝坤和母亲胡勇，我希望他们的名字出现在我的成果中，因为除了生养之恩，父母亲在我的学业和工作上都倾注了大量的心血，付出很多。感谢爱人王亮亮对我工作和生活上的诸多支持和理解，也感谢儿子王茂宸给我带来的无尽欢乐！家人的理解和支持是我工作和学习的不竭动力，在此，向他们表示我最深深的感激和敬意！

由于本人水平所限，书中可能存在诸多不足和错误，敬请不吝赐教。

胡吉亚

2022 年 5 月于中国社科大

图书在版编目（CIP）数据

科技金融支持战略性新兴产业发展 / 胡吉亚著. --
北京：社会科学文献出版社，2023.1（2024.2 重印）
ISBN 978-7-5228-1060-7

Ⅰ.①科…　Ⅱ.①胡…　Ⅲ.①新兴产业-产业发展-
金融支持-研究-中国　Ⅳ.①F279.244.4

中国版本图书馆 CIP 数据核字（2022）第 215791 号

科技金融支持战略性新兴产业发展

著　　者 / 胡吉亚

出 版 人 / 冀祥德
责任编辑 / 仇　扬
文稿编辑 / 陈丽丽
责任印制 / 王京美

出　　版 / 社会科学文献出版社·当代世界出版分社（010）59367004
　　　　　　地址：北京市北三环中路甲 29 号院华龙大厦　邮编：100029
　　　　　　网址：www.ssap.com.cn
发　　行 / 社会科学文献出版社（010）59367028
印　　装 / 唐山玺诚印务有限公司

规　　格 / 开　本：880mm×1230mm　1/32
　　　　　　印　张：7.25　字　数：162 千字
版　　次 / 2023 年 1 月第 1 版　2024 年 2 月第 2 次印刷
书　　号 / ISBN 978-7-5228-1060-7
定　　价 / 78.00 元

读者服务电话：4008918866